U0561084

美业创新的科学与艺术

陈 迪 编著

东华大学出版社·上海

图书在版编目（CIP）数据

美业创新的科学与艺术 / 陈迪编著. -- 上海：东
华大学出版社，2024. 9. -- ISBN 978-7-5669-2406-3

Ⅰ . F719.9

中国国家版本馆 CIP 数据核字第 2024HU7211 号

策划编辑：冯红领
责任编辑：张力月
封面设计：李永日
装帧设计：上海三联读者服务合作公司

美业创新的科学与艺术
MEIYE CHUANGXIN DE KEXUE YU YISHU

编 著：陈 迪
插图绘制：张 锐

出 版：东华大学出版社（上海市延安西路1882号，邮政编码：200051）
网 址：http://dhupress.dhu.edu.cn
天猫旗舰店：http://dhdx.tmall.edu.cn
营销中心：021-62193056 62373056 62379558
印 刷：上海盛通时代印刷有限公司
开 本：850mm×1168mm 1/32 印张：10.5
字 数：266千字
版 次：2024年9月第1版
印 次：2025年5月第2次印刷
书 号：ISBN 978-7-5669-2406-3
定 价：68.00元

序言

开启多维觉醒，重构美丽未来

——写在《美业创新的科学与艺术》之前

王 茁

几年前，我曾建议陈迪就化妆品行业的创新问题写一本书，没想到他还真的用心听进去了，并且这本新书《美业创新的科学与艺术》的书稿清样，今天已经摆在我的书桌上了。

该书付梓前，陈迪约我写一篇序，我一开始没答应，不是摆架子，主要是自己没有什么新思想值得与读者分享。但是，陈迪坚持要我写，说在中国化妆品行业真能读得懂他的书的人并不多，言下之意，我算一个难得的"知音"。

在陈迪一番"捧杀"之后，我最终决定为他写个序言，同时决定偷一下懒——从我以往的文章找一篇观点比较匹配的，算是勉强交差的一篇序言吧，还请各位读者海涵。

这篇文章，是我针对中国化妆品行业所写的2023年"新年献辞"。我认为从当下开始，中国化妆品行业必须开启多维觉醒，重构美丽未来！

一、尊重"赛先生",开启功效觉醒,重构产品力的未来

"五四运动"原本要引进两位先生,一位"德先生"（Democracy,民主）,一位"赛先生"（Science,科学）。总体上说,"赛先生"历史上在中国化妆品行业的发展史上身份不明、作用不大、地位不高,"科技是第一生产力"的论断在本行业基本不成立。

但是最近几年,随着化妆品行业法规和监管措施越来越严格,随着消费者的教育程度越来越高、科学知识越来越普及,竞争对手对产品功效、配方、原料技术等科学维度越来越重视,越来越多的化妆品企业开始尊重赛先生,甚至竞相争抢曾经被多年冷落的科学家们。

然而,如今乃至未来,中国化妆品企业在重视科技的同时,也要避免把科学、功效和产品力当作化妆品销售成功和品牌资产的充分条件,这也是片面的、危险的。因为对于化妆品这门生意,特别是化妆品的品牌建设来说,科学、功效和产品力是必要的基础之一,是大厦的地基,但还不是大厦本身,要建成屹立不倒、美轮美奂的品牌大厦还需要做出更多维度的努力,开启更多维度的觉醒。

研发背景出身的陈迪,在本书中关于功效和产品力的跨学科论述,既基于科学又超越科学,其视野和格局实属难能可贵。

二、携手"狄侠客",开启技术觉醒,重构智能力的未来

当年我们把科学(Science)称作"赛先生",如今不妨把数字化(Digital)称作"狄侠客"。狄侠客的前身是信息化,其重点关注的目标是企业内部流程的效率提升,主要包括ERP、SCM、CRM、PLM以及BI等模块。

最近十年,化妆品企业的技术发展已经由原来的信息化转型升级为数字化、智能化(合称"数智化"),进入"狄侠客"时代——"狄侠客"的目标远大,不止于内部效率的提升,还着重突破企业的围墙,广泛连接消费者、电商平台、新媒体平台、KOL、MCN、ODM/OEM等企业外部的机构和个体等利益相关方,以不断提升经营效果和竞争优势为目标。

数字化浪潮包括但不限于电子商务、SCRM、DAM、MarTech、云计算、大数据、算法、AR/VR、AI、NFT、元宇宙、人工智能等技术趋势。但是,数字化趋势的底层逻辑是技术使能(Technology-Enabled)下的组织变革,对于用户需求变化和用户体验期待的敏于感知、快速响应,是一种敏捷力——既有速度又有灵活性的智能竞赛。

陈迪此书分上中下三篇,其中的下篇主题就是"美丽新未来:智能美妆新时代",相信在满足美妆用户新需求新体验方面,本书会给读者带来启发。

三、邀约"伊姑娘",开启艺术觉醒,重构创造力的未来

当越来越多的中国美妆企业,开始拥抱美妆科技和数字技术,努力走出低价格、低成本的生存和竞争模式,开始彰显产品功效和商业功能方面的差异性和竞争力的时候,西方发达国家的化妆品企业已经超越了功能和功效层次的竞争,大力发挥"伊姑娘"(Aesthetics,美学)的魅力,以精致优雅的包装、沁人心脾的香气、真诚隽永的叙事和美好难忘的体验来吸引顾客,调动顾客情绪,激发顾客情感,碾压尚处在技术和功效层次的竞争者(中国很多化妆品企业即在其中)。

最近几年,化妆品行业关于功效和质量的监管政策连续出台,成分、功效、首席科学家等概念层出不穷,容易给人造成化妆品是药品而不是时尚消费品的错觉,从而忽视了化妆品的美学、艺术、想象力和创造力内涵,在全球化的化妆品品牌的综合实力和魅力竞争中缺失一个重要的产品美学维度。我们要认识到,化妆品是一种双重竞赛,功效是基础性竞赛,但时尚是决定性竞赛,二者不可偏废。

陈迪在本书前言中提道:"过去四十年,中国化妆品行业历经艰难险阻,先后跨越了批发零售游击战、商场超市攻坚战、电商直播网络战,进入了当下的功效护肤的硬核科技战,以及未来必将闯入的高端品牌文化的艺术美学之战。"我深以为然。

四、加强社交性，开启个性觉醒，重构品牌力的未来

中国化妆品的高端化道路如同"蜀道之难，难于上青天"。我们知道，高端、奢侈的化妆品除了具备过硬的功效、深厚的情感属性之外，其最主要价值在于其作为"社交货币"的价值。消费者通常会用这样的产品来表达甚至炫耀其身份、地位和个性。而大部分中国化妆品品牌都不具备这样的"功能"，在这方面乏善可陈，在国外大牌面前俯首称臣、自愧弗如，甚至不战而败、溃不成军。这就是品牌力的差距。

有一个朋友曾经非常认真地问我一个问题。他说，他一直搞不明白，他太太为什么要买国际大牌的化妆品，中国的化妆品不一样好用吗？我没有正面回答他的问题，而是反问了他一个问题："中国的汽车不一样可以开吗？你为什么一定要买奔驰E系列甚至S系列的车呢？"化妆品跟汽车一样，其社交属性、象征属性虽然离不开品牌和产品的功能属性，但是会超越品牌和产品的功能属性，甚至会影响品牌和产品的情感属性。

对于化妆品的社交属性和身份象征属性，陈迪也是理解和赞同的。在本书开篇第一章，陈迪就从人类学的角度，揭示了用户自我实现的社会身份价值的重要性，并且在本书中还分享了一些创新案例。这与本人所强调的"社交属性和身份属性"不谋而合。

五、优化价格带，开启价值觉醒，重构竞争力的未来

改革开放以来，中国化妆品企业长期靠低成本、低价格在市场上生存、发展和竞争。最近十五年（从2008年奥运会召开以及佰草集登陆摩登巴黎出海算起），中国化妆品企业开始走出低价格带，试水中价格带、中高价格带，但至今仍缺乏攻占高价格带的勇气和能力，因此忍看高速增长的高端市场、高端渠道和高端消费者向国际大牌投怀送抱。

不论是比较有基础、有实力的建制企业还是有激情和梦想的新锐创业者，在推出中高端品牌的时候，都要审时度势，与时偕行，慎重选择价格带，反复推敲商业模式，认真研究由产品、技术、美学、个性和价格等元素构成的价值工程学，动态地提升竞争力。同时提醒各个化妆品品牌，尽力不做"洗护刺客""护肤刺客""彩妆刺客"或者"香水刺客"，努力平衡好消费者、合作伙伴和企业本身的利益。行业外的钟薛高和行业内的花西子，在这方面都有深刻的教训。

陈迪在本书中讲述的几个发力高端的品牌在打磨产品方面的幕后艰辛故事，既令人感动又发人深省。

六、明确主与辅，开启关系觉醒，重构亲密力的未来

化妆品企业要心悦诚服地认识（觉醒）到，在自己与客户

（消费者）之间的关系当中，客户是主，自己是辅，建立、管理、主导亲密关系的主导权永远在客户手上，而不是在自己手上。企业在满足客户的能力方面要善于做"强者"，而在服务客户的态度方面要乐于做"弱者"。

德鲁克说："对于任何一家公司，或者任何一个行业，顾客也只是略微关心而已。要知道，市场上是没有社保的，也不论资排辈，没有老年人退休保险金。市场是一个苛刻的雇主，他把最忠诚的仆人解雇了，也不会支付一分钱的遣散费。一家大公司的突然解体也许会让员工、供应商、银行、工会、工厂所在城市和政府感到十分沮丧，但是这在市场上却不会激起什么涟漪。"企业一定不要洋洋得意，要永远把顾客当作老板。刘慈欣说："弱小和无知不是生存的障碍，傲慢才是。"企业和企业家一旦傲慢起来，就容易把彰显自我而不是创造顾客当作企业的目的。

陈迪在本书中从人类学、行为经济学和设计心理学的多维视角，分享了对顾客需求研究和方案创新的新实践新案例，对于我们重构顾客亲密度，提供了兼具理论和实践价值的思路。

七、提升使命感，开启伦理觉醒，重构履责力的未来

当下，从全球到中国，很多化妆品公司都在学习如何推行强有力的CSR或ESG计划，这种"基于价值观的管理（Values-Based Management）"最终所达到的成果并不是零和的，而是增加

了价值。这一做法可以引领企业进入"良性循环"，也就是说，通过做好事最终推动企业把事做好，进而使得企业有能力去做更多好事。正如德鲁克所说的："光是把事做好还不够，还必须做好事。当然，一个企业为了'做好事'，必须先要'把事做好'。"

走向未来，中国的化妆品企业要不断提高使命感、提升履责力，把基于价值的管理理念与基于价值观的管理理念在实践中整合起来。德鲁克说，成功的企业"并不是在'平衡'什么事情，而是在做最大化的工作……企业的所有相关者——不管是股东、客户，还是员工——也都是依靠财富创造能力最大化这一目标来满足各方期待和目标"。

陈迪在本书下篇《餐桌上的隐形人：绿色化妆品的未来》等文章中，为本土企业暂时关注较少的ESG问题也提供了体现新思路的解决方案。

希望上述七个维度的"觉醒与重构"，能够为中国化妆品行业未来在更加广阔的世界化妆品海洋上破浪前行，起到一点类似灯塔的作用。

上述七个维度，有些在本书中得到了充分阐述，有的做了部分探讨，还有的没有深入阐述，可能需要陈迪的下一本新书，予以全面覆盖和深度解读了。

最后我想说的是：

陈迪的这本《美业创新的科学与艺术》是一本有温度、有广度、有深度的化妆品创新指南。不论是强调三脑平衡的新思维，还是揭秘生物科技的新科学，还是想象智能化妆品的新未来，都对化妆品行业的各类从业者，特别是产品经理人和科研人员的思路拓展，具有推"陈"出新般的启"迪"。

是为序。

甲辰暮春，于苏州

（注：本序作者王茁先生，为世界美妆产业智库BeautyStreams全球合伙人，中国香料香精化妆品工业协会ESG专委会主任，上海家化联合股份有限公司原董事总经理）

前 言
孔雀与猫头鹰

考拉，孔雀，老虎，猫头鹰。

你也许听说过这个性格测试，从感性与理性、从内向与外向这两个维度，心理学家将人类性格分为四种：考拉代表着内向且感性，孔雀代表着外向且感性，老虎代表着外向且理性，猫头鹰代表着内向且理性。

在不同性格的人眼里，护肤美妆行业（以下简称"美业"）的定义可能完全不同。

也许在孔雀眼里，美业是一门美学与艺术；而在猫头鹰眼中，美业则可能变成是一门科学与技术。然而，如果我们站在感性与理性的交叉点上，我们也许会发现美业其实既是一门科学又是一门美学，既是一门技术又是一门艺术。正是因为美业融合了科学与美学、技术与艺术，才使得她成为一个魅力无穷、永不衰老的行业。

与此同时，美业也是一个瞬息万变、高度复杂、充满挑战的行业，无论是最具资本实力的投资人、最勇敢的企业家、最顶尖的产品设计师、最先锋的科学家，还是最资深的工程师，都难以独自实现任何一款美妆创新产品的一鸣惊人和长盛不衰。

假如曾经迷茫的我们重见光明，也许我们能看到：

过去四十年，中国化妆品行业历经艰难险阻，先后跨越了批发零售游击战、地面商场超市攻坚战、线上电商和直播网络战，进入了当今功效护肤时代的硬核科技战，以及即将到来的高端品牌文化的产品美学之战。

在这个万花筒般色彩斑斓的多元化的东方美妆世界，你也许还将看到——

西装革履的投资大亨大笔一挥，在某新锐网红品牌白字黑字的投资意向书上签上大名；爱好绘画的产品经理，在还飘着新鲜颜料气味的油画背后，写下刚刚想好的画作名字——《野兽的秘密》；高举玻璃试管的生物学家，对着窗外大喊"我发现了玻色因"；光鲜亮丽的美妆博主在深夜面对着手机屏幕前的千万粉丝们高喊着"买它！买它！买它……"；浑身散发着香奈尔香水味的、百货公司的高级美妆顾问，手拿高级而精美的雕花口红说着"这个颜色，最适合您的肤色，最能衬托您优雅的气质"……

中国化妆品行业，好比是一家体量庞大的美容院，而且是世界级体量的美容院。这里有数以亿计的顾客和一千万以上的美容师。美容院每年的营业收入约有八千亿人民币之多，如果换算成百元大钞首尾相连，约可以绕地球31圈。

然而这家美容院实在过于庞大，每个人都在自己的美容椅旁忙碌着，无法清晰完整地看到整间美容院的全貌。如果你去采访她（他）们，"请问您如何理解中国化妆品行业？"她（他）可能头也不抬就说："不好意思，我现在正忙着呢。"也可能看着你说："麻烦您让开一下，您挡住我的电吹风插座啦！"……

美妆产品创新的本质，应该是科学与美学的融合，是技术与艺术的碰撞；但是遗憾的是，迄今为止，国内尚无任何一本专著能够实现社会科学和自然科学"左右脑"的跨学科融合，提供一本美妆产品的创新指南。

成功的美妆产品创新，需要跨学科的人类学、行为经济学、设计心理学、神经生物学、细胞生物学、分子生物学、材料光学与流变学、药剂学、毒理学等自然科学和社会科学理论基础知识的高度融合，搭建既开放又完整的系统化的创新开发平台，实现科学家和艺术家的高难度的认知沟通和创新合作，才有可能成功打造高价值强体验感的爆款明星产品。

人类学，为美妆行业提供对独立生命个体和人类社群的深度洞察的田野考察的思路和方法；行为经济学，为研究消费者的微观经济行为和商品购买心理决策过程，提供了心理学与经济学的双重理论基础；设计心理学，提供了对用户痛点、对美妆产品形态以及美妆产品体验过程的完整的设计思想；神经生物学、细胞生物学与分子生物学，为人体最大的感受器官和保护屏障（皮肤）的生理机能和衰老过程提供了科学解释，同时为护肤与彩妆产品的生理作用提供了理论指导；药剂学与材料学，为护肤与彩妆配方的设计研发与迭代优化提供了原料基础。面对着高度复杂、高度交叉融合的化妆品科学理论与激烈的行业竞争实战硝烟，我们每一个人都很难获得一张清晰完整的产品创新的作战地图。

我很幸运，在这家世界级的美容院的配方实验室做了23年的产品配方师。我在舒蕾品牌的洗发水的配制车间做过实习生，学会了用最快的速度溶解好泛醇，以避免车间老师傅对我的高声训斥；我也在美国新泽西的强生全球研发中心，和眼科医生共同工作，研究过全世界最温和的无泪婴儿香波配方。我还在法国巴黎薇姿护肤实验室，和优雅的法国欧莱雅总部的科学家们共同研究过"水光小针管"专利配方技术的工业化实现途径。我还有幸和欧莱雅最资深的皮肤生理学家共同研究过皮肤年轻化的新靶点——皮肤角质层的微观桥粒结构及生理作用。2019年，我还幸运地从双鬓白发的欧莱雅科学院院士手中，接下了"抗衰老科研带头人"的接力棒！

更加幸运的是，作为欧莱雅科研创新中心的负责跨学科横向实战研究的高级研发经理，我曾经与全世界最知名的IDEO和FROG设计思维公司的资深人类学家和世界顶尖产品设计大师们深入合作过，采用世界上领先的、完整的设计思维方法与流程来实现美容和彩妆品原创项目的颠覆式创新，真实深入研发过全世界最知名的品牌的明星爆款产品的升级版：赫莲娜黑绷带、兰蔻极光水精华、YSL经典口红、美宝莲立体粉底液等。

2023年的春天，我幸运地在美容院外的海滩边，捡到了一盏神灯。神灯精灵问我：你的三个愿望是什么？我来帮你实现。

想了很久后，我对神灯精灵说：

我想和《乡土中国》的作者费孝通老先生去湘西考察，寻找土家族少女的美丽秘方；我想和《天真的人类学家》的作者一起，飞到新疆的火焰山，看看那炙热之地的人们，需要怎样的皮肤防晒配方；我想和蒋勋老师一起喝茶，聊聊《孤独六讲》中的美学思考；我想去看看一百多年前的修道院里的孟德尔，还有他的豌豆种植园，去问问他是如何破解遗传学密码的；我还想和东边野兽的白博士，一起去云南香格里拉，去看看松茸是如何从土壤中长出来的；我还想和《日常的设计》里的设计大师一起工作一个月，设计一款全自动智能化妆机器人，能让每一个想要盛装出行的女性，每天都能光鲜照人！我还想去一趟95岁的中国第一个女指挥家郑小瑛的音乐厅，去感受她用全部生命力所呈现的《黄河大合唱》的雄奇壮美！

然而现实总是残酷的。23年的科研之路告诉我，美妆科研道路是长期艰巨的。多数时候，作为一名科研人员，我们是难以被人理解和信任的，可能会被误解为技术顽固派，某些时候甚至可能会被看作"骗子""疯子""呆子"。在新品科研项目过程中，我们不得不在科学研究与美学研究之间来回穿梭，在孔雀与猫头鹰的角色冲突中不断磨炼。

从在键盘上敲出这本书的名字的那一刻起，我就打算去勇敢尝试：做为导游和向导，一路陪伴美业产品经理人和科研人进入美业的绿色森林，去美业森林里观察探索孔雀（美学与艺术）和猫头鹰（科学与技术），去努力分享自己23年的美妆科研心得。我希望点亮自己，去全力帮助那些可能被人们称为"骗子""疯子""呆子"的在无数会议中被无情否定的产品经理人、科研实验室中呕心沥血的千千万万的科学家、在生产一线奋战测试的工程师，帮助她（他）们以科学为帆，奔赴美丽的彼岸。

童话故事的结局常常是出人意料的，由于我的愿望实在太多了，远远不止三个。我的三个愿望的故事结局是神灯精灵最后拒绝了我，转身钻入神灯，再也不出来了。

于是我想把所有愿望全部写下来，然后塞入漂流瓶，塞紧瓶盖，用尽浑身力气，将漂流瓶抛入大海。在这个美丽海洋的漂流瓶里面，我将自己23年的跨学科理论研究和美妆产品创新丰富的实践经验，融汇成为由浅入深、通俗易懂的美妆产品跨学科融合创新的道与术的文字呈现，试图为美妆产品行业的从业者提供跨学科融合的全新创新视野，以及为产品经理人和化妆品科研人员的职业生涯发展起到一点启迪的作用。

与其他专业科普作家不同，我认为自己是一位经验丰富的科研战场的"老兵"，因此，您正在阅读的这本书，更像是一本"战场日记"，是一本实践之书。书中所有产品创新案例并非道听途说或者借鉴抄袭西方产业界的成功案例而得，全部都是笔者本人亲历"枪林弹雨"，基于东方本土创新亲身实践的真实案例。

因为本书具有常规产品创新之书不具备的实用价值和东方本土特色，所以我特别期待：在中国化妆品业这家世界级"美容院"的数以千万的美容行业从业者，乃至数以亿计的皮肤美容和彩妆品的爱好者和忠实用户，都有机会读到这本鲜活的美容品创新战场日记，并能从中获益。

那么我们还等什么呢？让我们一起进入科学与美学交织的神秘的美业森林吧！

目 录

上
篇

美丽新思维：设计心理学

中
篇

美丽新科学：前沿生物科技

下|篇

美丽新未来：智能美妆新时代

上篇

美丽新思维：设计心理学

我不听使唤的左手，
让我意识到自己左右手的灵巧程度居然差距十万八千里。

01

为什么要学习人类学？

学习人类学，最重要的不是背诵理论法则与公式，
而是形成一种能透过现象发现本质的深度洞察力。

传统的人类的物品消费更倾向于满足自身对物品的使用功能需求，故这样的消费行为相对理性；但在现代消费社会，人更注重商品的符号价值和消费本身带来的幸福感。

——法国社会学家让·鲍德里亚

豆腐脑你喜欢甜的还是咸的？

吃豆腐脑，你喜欢甜的还是咸的？我喜欢甜的，因为我是武汉人。

2006年到上海进入强生（中国）有限公司担任产品技术经理时，我已经30岁了。刚来的时候，魔都对我而言是一团谜，我完全听不懂上海话。

更让我不理解的是，在早餐店吃豆腐脑时，很多人对我投来异样的目光，好像我是外星人一样。后来我才知道，上海人民惊讶之处，仅仅在于我在豆腐脑里加糖！

豆腐脑，为什么上海人喜欢咸的，而武汉人喜欢甜的呢？想知道最准确的答案，需要问人类学家！

我最尊敬的人类学家费孝通先生在《乡土中国》一书中说了让我五体投地、醍醐灌顶的一句话："自觉的欲望，是文化的命令！"

费孝通先生还说，欲望不是生物事实，而是文化事实。不管是甜还是咸，我们喜欢的豆腐脑味道不同，并非因为我们的身体缺少盐分还是糖分，而主要取决于我们小时候吃的第一碗豆腐脑是甜的还是咸的。为什么北京人喜欢喝豆汁，上海人喜欢喝咖啡？费孝通先生认为，这些个人喜好并非因为遗传，而是受到小时候的家庭习惯和社会环境的影响。

人类学家认为，人类是先有行为，后有思想的；生活在不同地域、不同社会环境中的人的立场和经验，往往来自于不断尝试甚至不断犯错后积累的社会经验。这些经验是由不同出生环境的人从小养成的习惯决定的，这就是文化传承的力量！从《乡土中国》开始，我就爱上了人类学。

为什么要学习人类学？

什么是人类学呢？人类学（Anthropology）这个名称来自希腊文的anthropos（人）和logia（科学），是在世界范围内研究人类社会的生物学、史前史以及文化的学科。

社会学家关注的是人类的共性，而人类学家更关注的是不同地区、不同部落的人类的差异性。虽然在经济全球化背景下，今天中国的化妆品高端市场依然暂时被欧美品牌占据，但是无论在生理层面还是心理层面，我们都必须承认中国本土消费者的社会成长经历、生活环境、护肤习惯与西方消费者存在着显著差异，经济全球化并不代表欧美品牌最适合中国本土消费者。

人类学并不主张某一种强势文化必然同化或取代弱势文化，而是主张以更加公平、更加平等的视角来观察不同的人群，充分尊重文化差异。人类学认为，多元化共处的人类文化生态，与自然界动植物的多样化生态共存一样，是同样美好而长远的。

近十年来中国化妆品本土经典品牌和本土新锐品牌的高速发展，已经证明了欧美品牌并非中国本土消费者的唯一选择；更加了解中国本土消费者的，更加合适东方人皮肤的本土新锐品牌推出的产品越来越受到中国本土消费者喜爱，造就了众多经典爆款产品。这也证明了中国本土消费者具有本土独特的价值观念、生活习俗、不同的皮肤问题和差异化的护肤习惯。每个产品经理都渴望了解用户的日常生活，人类学家也不例外。与我们从市场调查报告的二手资料入手不同，人类学家的研究方法是带上笔记本和照相机，通过田野调查（Fieldwork），采用沉浸式的同理心方法，以平视而非俯视的角度，来深入观察和采访研究对象，获得第一手资料；然后通过分析和比较，深入理解不同人之间的行为和文化差异，提出全新的人类学洞见。

学习人类学，最重要的不是背诵理论法则与公式，而是形成一种能够透过现象发现本质的深度洞察力，从而深度观察和理解消费者不断变化的消费方式、生活方式及其背后的文化含义。

产品创新，为什么需要人类学家？

人类学很容易被当作深居"象牙塔"的纯学术学科。但实际上，人类学在商业领域有着极强的商业价值。

笔者曾经有幸与世界上知名的产品设计公司IDEO公司和FROG公司有过深度的护肤美妆创新项目合作经历。在合作过程中，我最重要的发现是，在最优秀的设计思维（Design Thinking）公司内部，最重要的人才未必是设计师，而是人类学家！

产品创新，为什么需要人类学家呢？法国社会学家让·鲍德里亚在他著名的《消费社会》一书中指出：传统的人类的物品消费更倾向于满足自身对物品的使用功能需求，故这样的消费行为相对理性；但在现代消费社会，人更注重商品的符号价值和消费本身带来的幸福感。同时消费行为承担着区分社会身份的功能，因此人不仅仅关注"物"本身，也更注重消费构建的个人身份和因此带来的"社会关系"。人们开始通过炫耀式消费和浪费等非理性行为来彰显自己的"富有身份"和社会地位。显而易见，消费高档香水和化妆品的现代用户关注的不仅仅是产品的功能价值，而是高档产品带来的满足感、幸福感和成就感。

因此，现代社会的消费品创新，不仅需要关注用户对基本功能的理性需求，更需要关注在产品功能价值之上的，产品的情感体验价值和用户自我实现的社会身份价值。人类学家的洞察方法，可以帮助我们更加深入地探知不同性别、不同年龄、不同地域、不同民族、不同社群、不同性格的消费者对产品的情感体验需求和社交体验需求，从而探寻产品价值创新的新思路和新途径。

2018年夏天，笔者作为欧莱雅的横向研发科学家，有幸加入了欧莱雅男士护肤开放式创新项目团队。我们邀请了世界知名设计思维公司的人类学家参与了男士用户深度洞察研究。通过对男性用户的深度观察、访谈与调研，人类学家发现，中国男性消费者对男性护肤品体验的最大不满之处，并非是配方和功效表现。

人类学家最重要的发现是，主流市场的现有产品的外包装材质过于女性化，缺乏符合男性情感需求的那种阳刚之气，无法体现男子气概。这一横向研究的新发现、新洞察，为我们指明了男性护肤品创新的突破口：如何让男性护肤品包装设计更具有阳刚之气？

从包装设计来说，在男性护肤创新项目中，我们当时面临的最大挑战是如何突破缺乏质感、不够"Masculine"（阳刚之气）、不够酷的现有塑料包装材质。

虽然当时我们已经找到了创新方向，但是限于当时的项目团队是临时组建的非全职团队，并且项目成员多是具有配方师背景的配方研发专家，缺乏经验丰富的包装工程师资源，难以短期内在包装材料创新方面实现突破，无法满足男性用户的新体验需求。

巴黎欧莱雅男士、妮维雅男士、高夫男士等众多"头部"男士护肤品牌在高速增长的中国男士护肤品市场中获得了巨大的商业收益，年年增长的市场业绩在为这些头部品牌带来巨大收益的同时，也产生了越来越强烈的"地心引力"，使得这些成功的男士品牌在创造新增长点方面遇到瓶颈，难以和本土用户建立更加深程度的同理心并及时响应用户的新痛点、新需求，从而难以实现"质变式的创新"。

令人欣喜的是，2020年以来，中国男士护肤品市场终于迎来突破"第二宇宙速度"，逃逸"地心引力"的挑战者——"蓝系男士"和"亲爱男友"等本土新锐男士品牌。它们通过"大螺钉"男士护肤水、"子弹头"男士口腔喷雾、"烈酒瓶"飞行员香水等独具男子气概的包装创新，收获了无数东方男性用户的惊喜欢呼与强烈认同，成为了颠覆中国男性护肤品市场的"移轨逃逸者"。

本土新锐高端香水品牌"观夏"，也不是仅关注香水的香气本身，而是投入巨大资源进行店面的美术馆化设计和产品说明的文学化语言表达设计，例如观夏爆款香水"昆仑煮雪"，采用东方意境的文学语言，为中国本土用户提供了文学化的产品情感体验：林中木屋，柴火噼啪作响，点燃它，家里下了一场雪。

无论我们是坐在办公室转椅上的产品经理，还是实验台前的配方师，人类学家给我们的最重要的启发是什么？我觉得最关键的是不是只考虑我们自己喜欢甜的还是咸的，而是去客观深入理解每一个生命个体，为什么这个用户喜欢咸的，而那个用户喜欢甜的？最后，我想借用我最崇敬的英国管理思想大师查尔斯·汉迪的一句话，来做个小小的总结。

他在《饥饿的灵魂：个人与组织的希望与追寻》一书的最后一页写道：

当我们关怀他人以至于忘我，或为超越一己之私的理想而努力的时候，才是最完美的自己。

02

美丽战争背后的设计思维

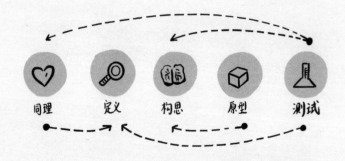

同理　定义　构思　原型　测试

美妆产品创新的未来，属于设计思维！

> 我认为，设计思维的核心是问题导向和想象力。所谓问题导向，即通过深入细致观察、了解用户行为，进而发现本质的痛点问题。

美国未来学家凯文·凯利在《必然》一书中指出：现代技术，是早期原始技术经过重新安排和混合而成的合成品。既然可以将数百种简单技术与数十万种更为复杂的技术进行结合，那么就可能会有无数的新技术，而它们都是"重混"的产物。

经济学家发现，全新的东西很少，大多数创新都是现有事物的重新组合。这种重组被凯文·凯利称为"重混"（Remix），这是世界发展的方向，是代表未来的重要趋势！

做重组或者重混时，首先要做一个拆解，把它拆解成非常原始的状态，再以另外一种方式进行重组，之后不断进行这样的循环，就像把乐高拆开后再组装。例如报纸，它是一个组合，就是把不同的东西组合在一起：体育赛事、天气情况、书评、菜谱等。因特网也是将不同的信息组合在一起。把所有的报纸信息全部拆解，之后再组合，互联网门户网站就诞生了！

同样，我们也可以拆解化妆品设计，把不同的化妆品功能分解之后重新组合起来。以前，化妆品包装设计和配方设计基本是相互分离的，配方设计师很少考虑包装设计的问题，包装设计师也很少考虑配方功效的问题。但是在"重混式"创新的时代，化妆品包装设计和配方设计已经密不可分！

产品功效不好，配方活性物不稳定，甚至配方存在刺激性问题，都可以通过包装设计与配方设计相结合的"重混式"创新，将配方和包装一起重新做一遍。

基本上所有的东西都可以这样做，因此，我坚定地认为，"重混式"创新，代表着美妆行业的未来！

关于"重混式"创新之道，笔者认为，国际化领先的美妆企业，在包装和配方的共创联合创新上远远领先于国内企业。因为很少有人知道，美妆巨头欧莱雅集团独特的法式沙龙创新文化，可以将平时完全没有工作交集的人类历史学家、物理学家、包装设计师、皮肤科医生等不同领域的说着不同专业术语的专家聚集到一起进行交流互动。我们将这些表面看上去完全不相关的人们聚集到一起，怎样才能让他们彼此不吵架、不打架，还能打造出"重混式"创新的产品呢？背后的秘密是四个字：设计思维（Design Thinking）！

在欧莱雅，我有幸主持和参与了八大设计思维美妆创新项目，是参与了最多内部设计思维创新项目的护肤品科学家。我参与的设计思维创新的范围，甚至涉及唇彩和护发。彩妆和护发创新项目邀请了本不相关的护肤专家来参加，可见欧莱雅多么重视"重混式"颠覆创新！

设计思维创新方法工具的核心，是通过反复"发散—聚焦"的"双钻石"（Double Diamonds）式工作法，也就是"快速发现—快速创意—快速研制—快速验证"的黑客马拉松式的颠覆式创新方法，将某一类产品质疑一遍并且重新做一遍！

美丽是什么？不同的人，也许有完全不同的答案。对美丽的不同理解，带来了对美丽的不同需求，也给从事美丽行业的人带来了无穷无尽的思考方向。

消费者对护肤品的需求是个性化的，而与此矛盾的是现代化工业生产只能提供大规模的标准化产品。在产能过剩、用户期望值越来越高的今天，全国三千多家日化企业都在思考同一个问题：路在何方？

2023 年 11 月 5 日在上海开幕的第六届进博会上，无论是欧莱雅的 HAPTA 超精准智能上妆仪，还是植村秀 3D shu:brow 眉妆智能美容仪，花王 life+ 智能 AR 试色小程序，都体现了设计思维的创新思想。完美的护肤体验，需要打开实验室的大门，进行"重混式"杂交式跨界创新，笔者认为这才是未来美妆创新唯一正确的道路！

面对难以捉摸的消费需求，设计思维也许能给出最后的答案。Design thinking，通常被称作"设计思维"，看似两个简单的单词所包含的哲学思维却不容小觑。设计思维与设计师职业没有必然联系，它是一种可以用于任何项目和人的思维方式，是可以通过几个特定的步骤来解决问题的方法。

设计思维是一种积极改变世界的信念体系，它被用于为寻求未来改进结果的问题或事件提供实用和富有创造性的解决方案，包含了许多触发创意的方法，它像一个工具包，里面有解决难题的钥匙。

设计思维是每个人都可以拥有并运用的思考方式，你可以设计一个产品、一个公司、一个组织或是一栋大楼。当你意识到你可以设计一切，你就可以跳出"盒子"来思考。

我认为，设计思维的核心是问题导向和想象力。所谓问题导向，即通过深入细致观察、了解用户行为，进而发现本质的痛点问题。而所谓想象力，是摆脱现有产品框架的束缚，创造全新的用户体验场景。

在"重混式"跨界创新之路上，我认为中国美妆企业依然存在较大的进步空间，长路漫漫！作为奋斗了23年的美妆行业的一位"老兵"，我也认为设计思维方法将会成为每一位化妆品产品经理的基本功。美妆产品创新的未来属于设计思维！

03

为什么唯有呆子才能成功?

对于微小的用户痛点和跨学科的技术瓶颈细节问题的
"咬定青山不放松"的实干家,才有可能获得真正的突破创新成果。

业精于勤荒于嬉，行成于思毁于随。曲高和寡，我们绝不因为可能无人问津，而选择沉默；我们绝不因为知易行难，而选择放弃！

呆子冷军

你是否与我一样，喜欢看油画展？我是油画迷，特别喜欢超写实油画家冷军的作品。他常常连续作画9个小时，只为了表现一平方厘米细微面积的一颗纽扣的其中一个针眼的色彩和光影细节！在凡人眼里，他就是个呆子！

冷军是戴着一千度近视眼镜的超级近视眼，看上去十分木讷、呆滞。画细节的时候，他不得不戴着比啤酒瓶瓶底还要厚的眼镜片凑到画布跟前，鼻尖几乎都要贴到画布上了，仿佛要用鼻子作画。

冷军的每一幅画，都要画一整年。因为他就算画一整天，也只能画完一平方厘米（一枚硬币大小）而已。美术评论家们说，他用超写实画技，几乎打败了高清照相机；冷军对人物细节的微观处理技法，简直到了"变态"的程度，我只能用"鬼斧神工"来形容！

无论是头发丝、皮肤毛孔，还是毛衣绒丝，都纤毫毕现，画出了比照片更加细腻逼真的震撼效果。仿佛我一伸手，就能摸到画中人物衣服上毛绒绒的丝线。

2007年，冷军用了一整年时间，以他的妻子罗敏为模特，完成了超写实油画作品《小罗》。2010年，《小罗》以3136万元的价格创下了当年写实油画家的拍卖价格新纪录！2019年的嘉德拍卖会上，冷军画了一整年的油画作品《小姜》，拍出了7015万元天价！

我们换算一下，假如冷军是打一天工领一天薪水的打工人，那么他用"鼻子"绘画的日薪是多少？如果我没算错的话，冷军每天的薪水是19.22万元，这相当于普通打工人2~3年的薪水！

将瞬间变成永恒的艺术

观察冷军的作画过程，令人难忘。他能在一平方厘米的画面上，通过各种工具反复画一整天，调用各种手段如吹风机、高倍放大镜、反光片、投影等，连续作画9个小时，然后持续绘画12个月去完成一幅作品。

画家冷军对细节极致痴迷的追求，对我们的研发创新帮助特别大。他的绘画思想与我所接触的移轨创新理论有不谋而合之处。因为移轨创新理论认为：真正的创新者的出发点，是从质疑世界秩序开始的，而不是顺从世界秩序。

相机诞生之后，写实主义油画就被逼入了死胡同。因此印象主义和抽象主义风格成为了顺从世界秩序的现代画家的主流选择。然而与正常选择完全相反，呆子画家冷军的选择是"在死胡同里跑马拉松"，只为了鱼死网破，撞破南墙往前冲！

同样道理，常规的产品创新一般是在现有产品的优点基础上迭代升级，增加新的功能卖点，为产品增值。而颠覆式产品创新，往往是全世界最挑剔的设计思维团队才会做的反其道而行之的笨办法——从挑剔现有产品的缺陷开始，去寻求改良的方法！2018年以后，我们在欧莱雅（中国）研发创新中心启动了一系列开放式的设计思维创新项目。采用设计思维方法，将职业背景完全不同的一群最挑剔的人聚合成项目团队，用显微镜去探察现有产品的细微缺陷，从而寻找到创新灵感。

我们如何才能找到现有产品的真正缺陷和深层痛点呢？一切都来自对细节的观察。"诗人＋农民"，是欧莱雅集团的全球选材标准。欧莱雅人相信：应该像诗人一样富有激情和创造力，又要像农民一样勤恳、脚踏实地，才能在职业生涯中获得成功。

然而在这个碎片化的"急功近利"的时代，多数人都想做浪漫的诗人。很少有人愿意面朝黄土背朝天，下地做农民。但是真正的发明家，就是像农民一样的一群人，他们就像画家冷军一样专注，每天只盯着一平方厘米的平面作画。

他们通过痴迷而细致的观察，先找到现有产品最不好用的细微缺陷，然后不断寻找改良的方法。我把这种最不浪漫的最浪费时间的创新技法称为"PET断层扫描观测法"。

具体来说，就是放弃"眉毛胡子一把抓"的大规模市场调查和消费者调查，而是借用人类学的微观考察方法，每次只观察一个用户与产品的细微互动过程，将其使用产品的前后过程先完整记录下来；然后一秒钟一秒钟地去慢速回放，仿佛PET切片体检扫描一样，去细致观察用户在每一秒钟的动作变化、表情变化和情绪变化；接着如同心电图谱一样，通过绘制用户"情感波动曲线"，发现用户的情绪低潮点，以及与此有关的产品痛点和缺陷点；最后集中火力，全力去头脑风暴，去改良产品关键缺陷的一种方法。

例如在面膜创新项目中，我的同事发现，面膜用户的情绪最低点，发生在用户用手指慢慢解开折叠状态的膜布的那一刻。因为折叠状态的膜布常常和面膜精华液紧贴在一起，用户解开膜布的过程特别繁琐，至少需要10秒钟以上，才能将缠绕在一起的膜布完全展开，缓慢平铺到脸上。而且面膜布展开过程中，膜布上吸附的精华液还会滴滴答答，可能会弄脏衣服。

那么，如何才能将膜布展开效率提升10倍，让用户在1秒钟之内就能轻而易举地展开膜布，愉快地将展开的膜布平铺到脸上呢？通过"诗人+农民"式的深度探索思考、大量实验验证、反复讨论优化，项目团队从传统中国画的画轴、中式折扇、油布伞等日用品的打开方式中找到了灵感，最终顺利研发出了创新方案，实现了"一秒展开"面膜布的产品创新突破，解决了用户痛点。

在最不浪漫的"诗农（诗人+农民）"发明家眼里，没有任何产品是天生完美的，只有经过不断改良，才能打造更好的用户体验！

科研追求的极致细节之路

当一切都静止下来，也许我们才有可能开始认真思考。2022年3月底，中国最大、最发达的城市上海，为了保护最脆弱老幼人群的生命健康，按下了暂停键，但是我们对产品科研的配方细节的极致追求，却从未止步。

2022年3月，我们开始与东边野兽的科学家和工程师们进行共创，参与到本土高端面霜的配方结构和工艺过程的共研团队中。当东边野兽联合创始人Yisa和白博士最开始提出融合"温和又勇猛"的高达15%的灵芝细胞油添加量的灵芝多肽修护抗皱精华霜的高端配方构架设想时，其实最初参与的配方师们都是跃跃欲试的，因为这是一个足够有挑战性的项目。

　　然而面对东边野兽对奢华肤感的极致追求，几乎所有曾经尝试打样的配方师都铩羽而归，败下阵来。当这个配方基础构建任务被交到我们雅颜生物的实验室时，已经变成烫手山芋了。对东边野兽和雅颜生物的联合共创科研团队来说，我们面临着一座无法逾越的大山：面对高达15%的灵芝细胞油添加量的面霜配方，如何更好地优化配方肤感体验？

　　对于一款灵芝细胞油添加量高达15%的油相配方来说，当灵芝三萜这种大分子活性物质开始在皮肤上发挥神奇修护抗老功效的时刻，可能也是阻滞感甚至搓泥感最强烈的时刻。如果肤感不佳，用户可能因此放弃体验它的神奇功效。

　　成百上千次的配方实验，从18岁到48岁善良的中国女性坚持参与的持续不断的临床功效测试，25项客观量化的感官测评指标，数百次的肤感量化测评，经过一年时间精益求精的不懈努力，我们终于成功地联合研发出了蕴含15%高浓度灵芝细胞油的、精密油乳配方架构的、丝绒般柔润的东边野兽灵芝多肽精华霜。

　　我们不断自我否定，我们不断跌倒爬起，我们不断抹泪重来，只想努力证明一件事：高端护肤品，不仅只有西方品牌；中国人，能做出属于东方的肤感奢华的最高端护肤品！在这个买一送十、抄底价卖货杀鸡取卵的抖音直播卖货时代，Yisa和白博士，东边野兽和雅颜生物的联合研发科研团队，选择并肩前行，我们选择了一条少有人走的路！

　　上海因新冠肺炎疫情全域居家静默期间，无论外界社会如何跌宕起伏，静安寺的东边野兽工作室和美丽宁海的雅颜生物联合研发实验室始终夜以继日！我们全力以赴，拼命死磕的最强功效、最奢华肤感和最温和配方的"不可能完成的任务"和巨大压力下完成的最完美配方作品，最终的结局可能是好评如潮，也可能是无人问津。

但古有言："业精于勤荒于嬉，行成于思毁于随"。曲高和寡，我们绝不因为可能无人问津，而选择沉默；我们绝不因为知易行难，而选择放弃！

我很幸运，作为一个学化工的人，做了23年的配方师和13年的总配方师之后，在这个流行生物学的，所有短视频演员都穿上了白大褂，在镜头面前讲解科学机理的时代，我还坚持着，还没有被百万粉丝的抖音配方师们的后浪拍死在沙滩上。

但是很少有人知道，从2006年到2015年，我几乎有整整十年完全没有机会做配方师，而是在科研冷板凳上，苦苦研究生产工艺和原料副产物与杂质控制问题。2007年，我被派往露得清韩国工厂，从事露得清护肤配方从美国洛杉矶工厂到韩国清州工厂的设备转移和工艺验证研究工作；2009年，当强生婴儿品牌在中国遭遇到最严重的配方安全性公关危机事件（媒体对于强生婴儿香波二噁烷问题的负面报道）时，当年强生婴儿品牌在中国区的销售额下滑了30%。

我当时在强生（中国）原料技术中心担任技术经理，由于承担着大量的强生原料本土化技术对比验证研究这样一份看上去很"土老帽"、很枯燥的技术工作，经常被强生（中国）研发创新中心爱开玩笑的博士研究员们嘲讽为"强生中国最土专家"。但是在四年多的原料合成技术路线和技术标准比对研究过程中，我却意外掌握了大量原料副产物和杂质含量控制的"隐性知识"。

于是在公司遇到与婴儿配方原料杂质相关的声望名誉和商业回报的双重危机时，我临危受命，被派往了美国新泽西强生全球研发中心，有机会去深度学习并快速应用美国强生对于配方温和性验证和配方技术升级的技术经验，在6个月内完成了38款强生婴儿配方的升级技术工作。

这种向上游原料溯源研究的"最土专家"的枯燥研究工作，使我能够跨越有机化学、化工原理、分析化学、皮肤毒理学、安全评估方法、无泪配方体外测试等多学科之间的壁垒鸿沟，融合多学科知识，和画家冷军一样，用鼻尖贴近画布，用显微镜研究配方问题，不放过跨学科配方研究中的每一个细节，最终努力解决了现实配方研发过程中的一个又一个技术难题，顺利化解了一个又一个与配方技术问题相关的商业危机事件。

2022年，在我们雅颜生物与合成生物学独角兽先锋企业"仅三生物"的玻麦妍品牌的麦角硫因小黑瓶精华肌底液配方研发的合作过程中，我们雅颜生物研发团队并没有坚持兰蔻小黑瓶和资生堂红腰子采用"卡波＋酒精＋小分子硅油"的经典肌底液配方肤感调节的传统技术路线，而是选择了贴近用户，放弃了中国女性最不喜欢的酒精和硅油成分，走上了一条最艰难的配方研发之路：多种立体玻尿酸感官精雕技术路线。

我们采用江苏仅三生物科技有限公司提供的微分子、中分子、大分子、超大分子的多重玻尿酸原料为配方基础材料，通过感官科学和流变学的深入研究，从高难度极简配方技术路线入手，将不同分子量的玻尿酸进行精密组合构造。仅仅依靠玻尿酸这种单一物质，通过不同分子量的玻尿酸的黄金比例研究，将增稠剂、润肤剂、保湿剂、肤感调节剂等多种功能全部在玻尿酸这一种物质上实现，成功打造了玻麦妍小黑瓶精华创新爆品。为了保护该商业机密技术成果，我们并没有申请发明专利，但是凭借极简配方的愉悦肤感，结合仅三麦角硫因的卓越功效，我们意外收获了玻麦妍小黑瓶精华用户的零差评和较高的行业技术声望！

即使我很热爱科学，即使我现在被贴上了首席科学家的标签，但是我始终认为自己的身份应该是工程师，而不是科学家。我觉得工程师与科学家是完全不同的角色。工程师的核心能力，不在于科学家那种对科学原理的痴迷，而更应该像《创新者的窘境》一书所描述的：

深深根植于对于微小的用户痛点和跨学科的技术瓶颈细节问题的"咬定青山不放松"的死磕现实问题的工程解决方案的实干家，才有可能获得真正颠覆式的突破创新的成果！

04

谁才是森林之王？

通过电影主演法，我们可以更好地启动我们智慧的大脑皮层，进而沉浸式感受用户场景和用户情绪状态的变化。

我们可以更好地启动我们智慧的大脑皮层，避免主观情绪带来的偏见，进而沉浸式感受用户的场景和用户的情绪状态变化。

我是一只羊

你阳过了吗？

2022年12月13号，我在羊城完成了和美尚集团的小伙伴们对接玲珑时光初见面霜的新品技术培训的公差任务之后，不敢在"羊城"多停留片刻，全副武装，早早出门。我戴着N95口罩和全身已腌入灵魂的消毒剂气味，进入了白云机场，启程回沪，归心似箭！两天以后，我阳了。因为阳得太早，我可能变成了魔都"领头阳"，人见人怕！

阳过之后，你感觉怎样？高烧退去，还没有等到康复，我就遭遇了一次人生危机。更可怕的是，这不是生理上的危机，而是心理上的危机，叫救护车、进ICU、也无药可救的那种危机！转阴之后，我挣扎着回到实验室，希望尽快补上落下进度的工作任务。可是没想到，工作没完成多少，我又倒下了。整整一个星期，我无病无灾，但是不知道为什么，我就是不想起床、不想出门、不想上班。人生第一次，我完全失去了生命力，无比消沉。于是我捧起了书本，希望知道这是为什么？幸运的是，我遇到了令我醍醐灌顶的一本书：《认知觉醒》。

谁才是森林之王？

这本书开篇讲的是大脑科学，很烧脑，让体温已恢复正常的我，依然感觉高烧不退。冷静过后，我想用一个故事来说明这本书是如何拯救我的心理状况的。书中描绘了一座美丽而奇妙的动物森林王国，这个动物王国中，只有三种动物：树袋熊、孔雀和猫头鹰。

100岁的笨笨：树袋熊最多，有1001只。树袋熊部落的首领是动物王国唯一的百岁长者：笨笨。动物王国中，所有动物都很尊敬最长寿的笨笨，甚至大家连性格都受到了百岁老人笨笨的强烈影响。像笨笨一样，所有树袋熊都是慢性子，性格温和、与世无争、有耐心。也正因为如此，它们常常被误解，被当作做事最犹豫、最懒散的动物。

18岁的阳阳：除了树袋熊之外，动物园里还有108只孔雀。百鸟之王的王中王、孔雀领袖是阳阳——一只18岁的雄性孔雀。孔雀部落中孔雀们的性格也都像阳阳一样热情洋溢、充满阳光、诚恳热情、喜交朋友、广结善缘。孔雀也常常被误解，被认为没脑子、粗心大意，做任何事都有始无终、半途而废。

3岁的明明：最后是动物王国中唯一的一只猫头鹰：明明。明明是个3岁神童，有很强的好奇心和探索精神，3岁就成为国际象棋大师世界冠军。明明个子矮小，但是智商高达170。明明平时话很少，拘谨、含蓄。他严守纪律、作息精准、分秒不差、追求完美。明明也常常被误解，大家觉得他冷漠无情并且太爱钻牛角尖了。

大脑内部动物王国揭秘：我觉得自己的大脑就像这个动物王

国。树袋熊笨笨是我的本能脑，它是我的生命中最重要的本能支持系统，掌管着我的呼吸、心跳、血压稳定等最重要的工作，每分每秒都不敢有丝毫松懈！孔雀阳阳是我的情绪脑，为我的生命注入热情和爱心，是我生命成长的内在阳光。猫头鹰明明是我的"小诸葛亮"般的智慧脑，聪明无比，遇到任何难题都能冷静思考，帮我找到最优答案。

1950年，美国神经生理学家保罗·麦克莱恩博士在其著作《进化中的三层大脑》中提出了著名的"三脑理论"。他指出，人类的大脑内部有3层大脑结构，它们功能各异，一层包裹一层，人类正是在这3层大脑上构建思维系统。

这3层大脑分别是本能脑（脑干）、哺乳脑（又称情绪脑）和智慧脑（大脑皮层）。由于大脑结构非常复杂，在这里我们只用尽量简洁的语言来介绍它们。

本能脑仿佛前面提到的树袋熊，是在2～3亿万年前的爬虫时代就已经出现的，它主要负责维持基本的生命功能，例如呼吸、心跳、胃肠蠕动、消化食物，这部分大脑基本自主运行，不需要思维控制。

情绪脑仿佛前面提到的孔雀，主要包括杏仁核和海马体，主管我们的情绪和感觉功能，是在约5000万年前哺乳动物进化后产生的。情绪脑是哺乳动物的情感中心，为了自我保护，情绪脑会向人体发送战斗（与愤怒情绪相关）、逃跑（与害怕情绪相关）、装死（与抑郁情绪相关）等各种应激命令信号，情绪脑非常强大，它是不同情绪会触发人类不同行为的原因。

而高度发达的智慧脑（大脑皮层）仿佛前面提到的猫头鹰，是人类特有的高级系统，也被称为视觉脑，掌管着大脑绝大部分的智力，拥有16万亿相关联的神经元，占据了脑容量的2/3。正是约300万年前诞生的结构复杂的大脑皮层和前额叶组织，赋予了人类想象力和高级思维能力。

因为大脑皮层特别是前额叶组织是最晚产生的，所以大脑皮层虽然拥有最高级的智慧，但是它在大脑的三军司令部中资历最浅、地位最低，由此常常拿不到最高指挥权，只能被迫服从于情绪脑的指挥。而喜怒无常的"老古董"情绪脑，常常将现代社会中的外界无善无恶的情境误判为威胁信号，无端启动人体的战斗、逃跑或装死模式，因此引发各种情绪起伏。有一本书叫作《象与骑象人》，描绘了智慧脑（骑象人）面对横冲直撞的情绪猛兽（大象）时的无能为力。

猫头鹰的救命之恩

阳康之后，我内心就像18岁的孔雀阳阳，热情似火，急切盼望尽快回归岗位，以身作则、冲锋在前，努力帮助同事们解决难题，展现领袖风采！但是，也许是一种身体免疫的自我保护作用，我的身体内部却像装着1001只树袋熊一样，无比沉重、无法动弹。我的身体像100岁的树袋熊笨笨，老态龙钟，步履蹒跚，毫无生命力。

对于内心阳光孔雀的热情召唤，我的身体却感觉气若游丝、有心无力，没有任何动力爬起来。危急时刻，拯救我的是小小神童——猫头鹰明明（智慧脑）。在我内心最焦虑、最煎熬的时刻，猫头鹰明明递给了我一根救命稻草，用非常稚嫩微弱的声音告诉我：你要学会讲一个好玩的故事，让树袋熊笨笨和孔雀阳阳都感受到艰巨困难工作的内在乐趣和温暖阳光！让他们对待工作中的难题就像游戏打怪闯关一样，为工作而上瘾。让笨笨和阳阳乐在其中，完全释放潜能。你就会从一个四分五裂的人变成一个无敌生命整体，充满无穷力量和最高级的智慧！就这样，猫头鹰明明拯救了我，帮助我走出内心困境，顺利回归并投入工作。因此，我觉得充满智慧的猫头鹰，才是森林之王！

如何体验用户的情绪

我曾经在加拿大埃里克森国际教练学院完成了160小时模块化的管理教练的学习，系统化学习了心理学与脑神经科学方面的管理教练技术。这些教练技术不仅在团队管理方面帮助了我，在产品创新的用户洞察分析过程中也被我用来感知用户的情绪体验，从而更好地了解用户的情绪脑，甚至本能脑的运转模式，及其带来的非理性的用户行为。

由于强大情绪的影响，我们的用户在遇到皮肤问题以及产品体验过程中，会有不同的情绪变化，会陷入愤怒、悲伤或焦虑。在我们进行用户访谈后，可以采用"电影主演法"来放下固有经验和偏见，去换位体验，去感受用户的情绪。

具体来说，无论此刻我们自身正在经历何种情绪，我们可以尝试去想象此刻自己在电影院里，作为观众，在观看由刚才访谈过的某一位产品用户来主演的一部电影，尝试去感受，此刻电影幕布上的主人公（产品用户）在怎样的场景里，他（她）正在经历怎样的情感？这种情感和故事会将主人公带往何方？电影主人公可能会有哪些选择？电影剧情会如何发展？

通过电影主演法，我们可以更好地启动我们智慧的大脑皮层，避免主观情绪带来的偏见，进而沉浸式去感受用户的场景和用户的情绪状态变化。

除了"电影主演法"，还有一种"电影导演法"也可以帮助我们换位体验用户的内在需求。电影导演法是更高阶的教练方法，它尝试再次启动我们智慧的大脑皮层，去体验、去想象自己变成了电影导演，来导演一部关于我们访谈过的产品用户的电影。让我们主动去想象从导演的角度，他（她）希望主人公（产品用户）进入何种场景，扮演什么角色，呈现何种品格与价值观，从而帮助主人公脱离困境、实现梦想。这种智慧的"电影导演法"的教练方式，可以帮助我们探索用户潜在需求，明确用户真正想要实现的方向，从而不受负面情绪的困扰，重新找回积极乐观的情绪体验！

当然，为了更好地验证"电影主演法"和"电影导演法"的洞察结果，我们还可以通过后续的用户观察和用户访谈，进一步验证我们感受到的情绪体验和主观判断，是否与用户的真实情绪体验存在一致性或者相似性。

OS

什么是心理账户?

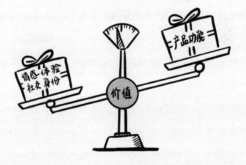

在产品功能价值之上的,是更加能打动用户内心的
情感体验价值和社交身份价值。

行为经济学中的一个重要概念，消费者对于不同的消费支出，会在不同的心理账户中进行选择评估和决策。

什么是心理账户？

心理账户的概念，来自2017年的诺贝尔经济学奖获得者理查德·塞勒。塞勒是行为金融学奠基者、芝加哥大学教授，是行为经济学和行为金融学领域的重要代表人物。

塞勒的主要研究领域是行为经济学、行为金融学与决策心理学。在行为金融学方面，塞勒研究人的有限理性行为对金融市场的影响，并作出了很多重要贡献。其最大的成就是将理论与实证结合，在决策论、经济学和社会学中融入心理学，为现代行为经济学铺平了道路，提高人类对决策机制的认识。

塞勒教授提出的心理账户的理论认为：除了真实的钱包这种实际账户外，人们的心里还存在着另外一种账户，人们会把在现实生活中的同样金额或者同样商品的支出，在心理上划分到不同的账户中，对每个账户的资金流向和使用方式有不同的主观偏好。这些账户完全是主观的，并不真实存在，但却能够影响人们的消费选择。

例如，人们会在心中为"基本需求"和"非基本需求"设置不同账户。购买生活必需品会从"基本需求账户"支出，会比较关注商品价格；但购买比较贵的物品则会从"非基本需求账户"支出，这时我们大概率不会只关注商品价格，而是会考虑其他因素。

当一位女生的护肤精华用完了需要再次购买时，她通常会把这笔新支出纳入生活开销的"基本需求"账户，会很关注护肤精华的优惠促销活动带来的价格优惠；但是，当女生生日当天，准备买一瓶护肤精华作为自己的生日礼物时，这笔支出就会在潜意识中被纳入"非基本需求账户"，从而她可能会关注这瓶精华的品牌是否高端、香味或肤感是否高级、外观是否好看等给内心带来快乐的因素，而不是商品价格本身。

心理账户的概念是行为经济学中的一个重要概念，消费者对于不同的消费支出，会在不同的心理账户中进行选择评估和决策。消费者对产品的需求并不是一成不变的。心理账户的不断转移，提示我们在产品升级和品质提升过程中，要不断寻找潜在的升级和差异化的创新。

心理账户如何"助推"产品创新？

"助推"一词来自于塞勒与桑思坦合著的标志性作品《助推》。该书将我们带入一个比较和选择的日常经济生活的全新世界，创造性地论述了如何运用选择设计这一新兴思想对人们施加助推力，从而使人们能够做出令自己更加健康、富有和自由的决策。作者分别对个人、社会、政府行为的研究范式和相关问题进行了比较全面的分析和总结，并阐述了助推力在实际生活中会产生颠覆性的作用。

化妆品行业可以说是一个很传统的赛道，主要满足消费者的护肤和美容需求。这个赛道很"卷"，中国化妆品市场有近十万个注册品牌商标，每年新备案的化妆品逾十万件。因此新产品想要出圈，就必须做差异化的产品创新，在产品设计研发阶段，就要充分考虑产品如何在内容平台上凸显它的独特性和心理体验价值。

以口红为例，不同类型的口红面向的消费群体不同，在旅行和差旅等户外活动场景中，消费者可能会选择防晒口红，因此我们在产品设计时就要重点关注产品的SPF值和PA值等功能价值。但是在同学聚会、闺蜜聚会等社交场景中，我们会更加关注产品的外观颜值等感官体验价值。

曾经月销量超过50万支的完美日记小细跟口红，从功能上说，口红本身的细长设计可能带来更高的口红断裂的概率和品控风险；但是在外观设计方面，完美日记坚持了金属质感和真皮口红套的高档外观设计；在产品沟通语言方面，重点强调了小细跟口红仿佛女性的高跟鞋一样，代表着现代女性的独立与自信。在这种独特创新的产品购买和体验过程中，消费者的心理账户发生变化。相比于普通的口红，消费者对产品认知发生改变，收获了产品功能价值之上的更打动人心的内心情感体验和社交价值体验。最终，完美日记小细跟口红得到了无数东方女性的喜爱，获得了2021年天猫金妆奖"2021年度TOP单品"大奖。

人民日报评论曾经指出：当我们有足够好、足够多的作品和产品，来提升对何为美、何为时尚的定义权、话语权，才能走出被西方审美文化带偏乃至被其所侵袭的境地。2023年底，在曾经轰动一时的苗族印象、傣族印象之后，花西子品牌重磅推出了"蒙古族印象"系列彩妆新品。该系列新品的彩妆颜色设计灵感来自内蒙古草原"霞光""沙漠""草原""星光""大山""红日"等多种自然风光的颜色，并以蒙古族传统皮雕画非遗技艺为灵感，吸收了蒙古族传统的图腾纹饰，赋予产品独特的艺术性和独特美感，求得产品"实用性"与"艺术性"的极致平衡。民族的就是世界的，花西子以鲜明的"东方美学"设计，不仅为东方女性，而且还将为欧美女性用户创造更多的文化体验和情感体验价值！

第一代素士胶原蛋白发膜养发吹风机，以及第二代素士鱼子酱发膜养发吹风机，可能也是实现了用户的"心理账户"转换的成功的美妆创新案例。喷出高强度热风的"又热又干"的传统吹风机，曾经被认为是会伤害发丝和头皮的"伤发产品"，但是素士发膜养发吹风机独创的"胶原蛋白精华舱""鱼子酱精华舱"，结合专属精华冷风通道，魔术般地把"伤发吹风机"变成了"养发吹风机"。

这样的创新案例还有很多。在这些成功案例中，细分产品的创新更多考量非替代性，考虑到消费者的心理账户变化：送给母亲的胶原蛋白口服液从非必需的保养品的心理账户转移到表达一片孝心的必备的情感账户中；情人节印有"I Love You"字样的神仙水从功能性精华水的心理账户转移到表达爱情祝福的情感账户中；飞行员香水、大螺钉精华水、子弹头口气喷雾，从男士功效护肤的心理账户转移到男士时尚搭配的形象账户中……

展望未来，心理账户的灵活应用将为化妆品产品创新带来更多的想象力和可能性！

06

如果没有柔焦技术，
你将怎样装扮你的脸？

所谓即时反馈原则，是使用户知道：
产品使用操作已经完成，以及由此带来的符合用户期待的体验结果。

如果还有明天，

你将怎样装扮你的脸？

如果没有明天，

那要怎么说再见？

——歌手薛岳《如果还有明天》

你是理性的，还是感性的？

如果，你面前有很多糖果。如果A：你马上吃，只能吃一颗糖。如果B：你忍耐三分钟，就可以得到三颗糖的奖励。你会选A，还是选B？

心理学的"棉花糖实验"已经证实：多数人会选择马上吃到糖果，而不会等三分钟吃到三倍糖果。

传统宏观经济学认为，人是理性的，会做出最理智的选择。然而获得了诺贝尔奖的心理学家丹尼尔·卡尼曼教授经过了20多年的行为经济学研究后，却认为：人是感性的，会做出最开心、最满意的选择，而不是最理智的选择。

关于皮肤的生理特征，作为摸爬滚打了23年的护肤行业配方工程师一名老兵，我认为我们非常容易忽视的是：皮肤当然要亮白、光滑、细腻，但是皮肤绝不仅具有给人看的表面视觉体征；从神经科学的角度来看，皮肤更是人体最大的感受器官，从皮肤健康保养的角度来讲，我们不应该忽视我们皮肤的小情绪。

我们的表皮下分布着无数丰富的触觉小体和神经末梢，它们各司其职，可以感受冷、热、酸、胀、麻，和主人一起经历人生的寒来暑往、酸甜苦辣和喜怒哀乐！2021年的诺贝尔医学奖科学解读了我们的TRPV1辣椒素受体，时刻提醒我们关注皮肤的灼热与刺痛。

我们明明知道，烟酰胺处理过程中会有烟酸残留，而烟酸不仅对皮肤有直接的刺激作用，而且有间接扩张血管的作用，含量高时可能会导致肌肤发红，并且越来越红……那为什么我们依然盲目追求烟酰胺浓度，而不是深思熟虑、三思而后行？

那也许是因为，人类学家和神经生物学家的研究发现：我们每个人，其实都是早产儿。刚刚出生的黑猩猩，马上就会自己翻身、爬行。而刚出生的人类婴儿，却要等到一年之后，才能学会自己翻身和爬行。不管你今天是高级白领还是大学教授，不管你今天多么冷静睿智，但是你在青春期的时候，一定和我一样，干过冲动的傻事！

我们为什么会干傻事呢？人类学家研究发现，在人类从四肢行走向直立人进化的过程中，人类的上肢变得更灵巧，下肢变得更强壮。随着人类智力的进化，人类婴儿的大脑越来越大。然而人类变成直立人之后，人体重心变高了。随之女性的骨盆就变得越来越小，因此人类女性都面临着难产的风险。适者生存的进化过程给人类的最终解决方案是：在婴儿大脑完全发育之前，提前出生。因此今天的我们，都是早产儿。从此以后，人类大脑的发育过程，就从出生之前已发育完全，变成了在出生之后才能充分发育。

神经生物学家的研究也证实，人类大脑中最具理性和智慧的前额叶皮质（智慧脑），甚至要等到我们到了三十岁左右才能发育完全。由此，我们不必为自己青春年少时冲动所犯下的傻事而后悔了。因为在青春期，我们都是大脑没有发育完成的懵懂少年！

我们为什么需要柔焦技术？

2017年，心理学家再次打败了经济学家。上文中我们曾提到，心理学家理查德·塞勒获得2017年诺贝尔经济学奖，除了心理账户理论，他还提出了自制力缺乏和跨时选择理论，其基本结论是：人们往往会做出最容易的选择，而不是长期有利的更明智选择。

跨时选择理论认为，面对"大而迟"的收益和"小而早"的收益，人们更倾向于选择后者。因为人类缺乏自制力，所以多数人喜欢"即时反馈"，而不是"延迟满足"。

因为跨时选择理论为我们揭示了人间魔法师——资金的时间价值。最优秀的配方师，一定是能做到"延迟满足"的人。就像愿意忍耐三分钟后再吃棉花糖的小朋友一样，如果我们不急功近利、急于求成，而是长期努力拓宽自己的认知边界。如果我们能走出理工男的信息茧房，更加重视对人文社会科学知识盲区的长期补强学习，我们就会发现：行为经济学和设计心理学等人文社会科学知识，可以为我们的配方技术创新工作注入全新灵感、无穷热情及内在动力！

更加重要的是，我们要非常警惕全行业的"内卷"趋势，以及目前普遍的"生物学"盲目崇拜问题。生物学技术固然重要，但是鲜花离不开绿叶，物理学和数学才是配方师的基本功。

我们应该从光学和力学等物理基础层面，更好地学习化妆品材料的流变学和光学性能，才能更好地提升我们的材料技术理论水平，真正成为优秀的配方师！

无论是2023年上海进博会上展出的花王life+智能AR瞬时试妆软件，还是前几年欧莱雅推出的智能试妆软件"千妆魔镜"的成功反响，与以上行为经济学的用户需求的"即时反馈"原则不谋而合！对护肤美妆配方师而言，关于跨时选择理论，我们同样必须知道的是："延迟满足"对我们自身技能提升特别重要，而"即时反馈"则对用户体验特别重要。我们只有真正掌握了"即时反馈"配方物理技术，才能提供用户真正可感知的产品功效，更好地满足用户内心渴望获得的感性需求。

CI77891 的魔法柔焦技术

如果你对高端奢侈护肤品的成分有兴趣，你可能会发现一个很有意思的现象：无论是比黄金贵的来自瑞士的鱼子酱铂金精华乳，还是西班牙的十全大补爆款面膜，都离不开CI77891这个成分。CI77891是什么？为什么高端奢侈护肤品都离不开CI77891？

CI77891其实是一种白色着色剂，主要成分是二氧化钛。上游原料公司通过控制粒径的技术处理，可以将CI77891的粉末粒径控制在一个合适范围内。在一个最合适的十微米级的精确粒径范围内，CI77891可以提供非常好的美白提亮效果。同时可以避免遮盖力太强导致的日本艺妓般假白、惨白的"女鬼效果"，最终呈现出既自然透亮，又具有提亮肤色的自然美白效果。

更加神奇的是，如果我们对于物理光学材料的技术处理足够精准，在护肤和美妆配方中使用了光学技术之后，我们甚至可以将用户面部的反射光线改变成为光折射和漫反射光线。这样我们就可以利用物理光学材料实现昂贵专业柔焦相机的效果，瞬间实现柔焦提亮、细纹填充，甚至迅速减轻眼袋的作用。

无论是物理遮盖、物理紧致，还是物理柔焦技术，都可以更好地帮助我们提升用户对于美白提亮、抗皱、抗细纹、去眼袋、去黑眼圈的功效的即时感受和体验。我们只有深入学习材料光学技术，才能更善于运用材料的光学性能，才能提供有效的"即时反馈"，从而帮助用户坚持使用产品，真正做到绿叶支持鲜花，实现配方中需要持续释放的生物活性成分的长期生物累积功效。将物理技术与生物技术完美融合，才能实现完整的产品功效体验。

最后，我们需要对产品经理人和营销部门的小伙伴强调的是：我们配方师利用上述物理光学材料技术，绝不是要用暂时的虚假功效来欺骗用户。而是希望通过将需要更长时间才能起作用的生物活性成分，与即时起效的光学物理材料相结合，使用户获得期待的（也是设计心理学所强调的）"即时反馈"价值。

只有这样，我们才能帮助用户首先感受到即时功效，从而让用户坚持每天使用护肤品。14天、28天、56天……我们只有帮助用户真正做到对护肤品的长期坚持使用，避免用户半途而废，才能去真正实现皮肤学层面的生物累积效应，更好地实现高端护肤品生物活性成分的长期功效。

如果你是崇尚生物学的生物迷，你有可能会对物理光学技术不屑一顾，甚至认为这是一种虚假的错觉和欺骗效果。如果是这样，也许你可以尝试走出生物学的舒适区，进入挑战区，读一读可能是你的认知盲区的行为经济学和设计心理学。特别是设计心理学中的《日常的设计》，可能有助于我们彼此相互理解以及达成与用户之间的换位思考！

因为设计心理学告诉我们：所谓即时反馈，是向用户提供必要的信息，使用户知道某一操作已经完成，以及此操作完成所带来的符合期待的结果！

07

"疯子"的基本功

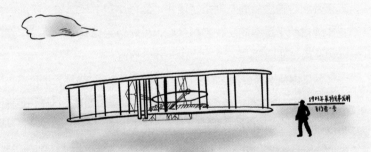

1903年莱特兄弟发明
飞行者·号

"疯子"的基本功，是打破社会科学和自然科学之间的知识壁垒，
变成同时开动右脑和左脑的"学习疯子"，去寻找显性知识背后的隐性知识。

去疯狂学习、实践，去打破社会科学和自然科学之间的知识壁垒，去变成同时开动右脑和左脑的"学习疯子"，去寻找显性知识背后的隐性知识的桥梁！

"疯子"

你是否和我一样，曾经被逼疯过？

或者如同1901年的美国莱特兄弟一样，被人们称为"奇怪的疯子"？

莱特兄弟俩，每天啥事都不干，整天站在海边的刺骨寒风中，目不转睛，紧盯着天上的海鸥的飞翔动作，连续好几个小时，一动不动。因为看不懂莱特兄弟站在那里做什么，渔夫们觉得他们不是正常人类，还给他们起了外号：奇怪的疯子。

关于人类的飞翔梦想，科学界当时给出的结论是冷酷无情的：任何比空气重的机器都不可能飞起来。然而，莱特兄弟打破了这个论断。1903年12月17日，在北卡罗莱纳州小鹰镇的刺骨寒风中，莱特兄弟发明的"飞行者一号"进行了首秀。

飞机在地面顶风滑行了13米，终于脱离地面飞向空中，在飞行了12秒钟约36米的距离之后，安全着陆！经过不断试验和改进，到1905年10月3日，莱特兄弟的飞机已经能够连续飞翔32分钟，20英里远！

1909年在美国纽约的大型飞行表演中，在上百万纽约人民仰天注视的惊喜目光和欢呼喝彩声浪中，莱特兄弟的飞机绕着93米高的自由女神像飞翔了一圈又一圈。这件事登上美国所有新闻报刊的头条。

"疯子"的基本功是什么？

2019年冬天，因为一个巨大难题，我觉得自己快要被逼疯了！当时法国老板给了我100万元的项目预算，要求我领导一项超奢华抗衰老面霜研发项目：50克的面霜，目标定价为每瓶1万元！

这是我在欧莱雅基础配方研究实验室第一次接到以产品价格作为项目目标的研发项目。当时我们已知的项目背景是，欧莱雅集团在高端抗衰老精华市场占有率已经领先全球。无论是兰蔻小黑瓶精华、修丽可色修精华，还是赫莲娜绿宝瓶，都是欧莱雅集团旗下抗老精华的绝对明星爆款和市场霸主。但是在高端面霜市场，集团旗下仅有赫莲娜黑绷带和兰蔻菁纯面霜两姐妹闯荡江湖，势单力薄！

在2015—2019年的高端市场，欧莱雅集团的高端品牌的市场地位已经被定位更高端的娇兰御庭兰花黑金面霜、海蓝之谜鎏金贵妇面霜等单价更高的竞品抢走了风头。相对而言，赫莲娜黑绷带和兰蔻菁纯系列已经是集团旗下定位最高端的产品了，但是3000元左右的定价无法进入日益高端化的万元级的中国抗老面霜市场，集团旗下现有产品难以担负奢华保养品当家花旦的重任。

让人抓狂的是，作为项目负责人，项目开始前，面对平时很少接触的高端奢侈品，我毫无头绪、一无所知。更加困难的是，我是项目团队Leader，但我却从未真正触摸过超奢万元面霜。

我们团队成员基本都是搞技术的，日常消费比较理性，很少购买奢侈品，根本不懂奢侈品用户的消费心理和产品喜好。打个非常不恰当的比方，我们当时的抓狂状态真的是"赚着卖白菜的钱，操着卖钻石的心"。

对做配方研发的人来说，当时将我们逼疯的、令我们最抓狂的最大的技术问题是万元超奢面霜的技术指标是什么？是金箔纯度？是蜂王浆含量？还是钻石材质等级？

一千个人眼中，就有一千个哈姆雷特。超奢品的用户品味喜好问题，是一个极具个性化的问题，根本不可能存在统一的技术评判标准。在公司划拨购买竞品的30万元巨款之后，我们终于有机会一睹芳容，仔细触摸和研究超奢面霜产品的奢华感官体验，最终逐步揭开了超奢面霜配方研发项目技术方向的神秘面纱：我们是否有能力，在奢华肤感的主观体验和配方原料质地的流变力学、弹性模量和耗散模量的流变学客观物理指标之间，建立有机逻辑关联和客观量化的评估方法和预测模型？我们是否有能力找到构建多层次丰富奢华肤感的精准技术靶点：万元奢华面霜材料流变学的最佳物理指标参数是什么？

如果以上的神秘问题让你觉得很抓狂、很难理解，那么请你忽略它们，继续往下揭秘"疯子"的基本功！

这个世界上的知识有两种，一种是显性知识，例如我们都知道的，飞鸟有翅膀，而人类没有。另外一种是隐性知识，是一种科研人员真正能够有效利用的，由科学概念、试验方法和观测数据集合而成的策略原理知识，它是一种抽象的知识集合，是解决一切工程难题的科学钥匙。

例如，为什么人类插上人造翅膀不能飞起来，甚至还会摔死？飞机稳定飞行背后的空气动力学原理和测量方法是什么？又例如，我们想要机器人像书法家一样能写毛笔字，我们就要获取关于人体骨骼和肌肉运动背后，精密力学生理控制的神经生物学知识。

再看莱特兄弟发明飞机的故事，直到今天其实也很少有人知道，莱特兄弟发明飞机的第一步，并不是建造飞机，而是自建风洞实验室。早在莱特兄弟的飞行者一号成功起飞的三年之前，莱特兄弟发明飞机的起点，是前文提到的对海鸥的深入观察，以及更加重要的空气动力学实验探索。

1901年，莱特兄弟自行建造了一座小型风洞，在其中废寝忘食，疯狂进行空气阻力、空气升力、空气压力的数据大量采集和长时间的深度思考分析。这种我们看不见的，大量深度实验及其带来的隐性知识洞察能力，才是"技术疯子"的基本功！

在深入钻研之后，我们发现超奢面霜最重要的评判标准其实并非产品功效，而是令人记忆深刻的多层次丰富丝滑肤感体验给人带来的感官愉悦。因此在万元超奢面霜项目中，真正帮助我们配方师的隐性知识技能，并非我们最缺乏的高级奢侈品消费经验，而是与面霜肤感质地相关的，材料流变学的物理化学方面的深度隐性技术知识。

我认为，化妆品科学的高级奢华复杂之处在于，它是一门深度融合了消费心理学、感官科学、流变力学、材料光学、细胞生物学等多学科的T形交叉科学。

所谓T形融合的意思是，我们要将知识宽度和知识深度融合。怎样才能成为顶尖的科学家？我觉得需要带上两样必备武器：望远镜和显微镜。

你可以右手拿望远镜，去探索人文社会科学，去眺望人类学、消费心理学、设计心理学的未知新大陆，去真正了解和关怀产品背后的用户的内心渴望和情感需求。

你可以左手拿显微镜，去钻研流变力学、细胞生物学、神经生物学背后的肉眼看不见的分子微观世界，去真正掌握能满足用户需要的技术法宝。

2022年3月，美尚集团专注于东方女性御龄养肤的高端品牌"玲珑"的新品打造团队，与我们雅颜生物共同组建了科研攻关联合团队，致力于匠心打造一款中西融合的、兼顾卓越功效与温和质地的高端抗老面霜——玲珑时光初见面霜。

历经18个月的联合科研攻关和330多次配方日夜打磨优化，终于打造成功了玲珑通透的丰盈版玲珑时光初见面霜。联合科研团队在现代流变学动态粘度深度研究基础上，实现了玲珑面霜细腻如羊脂软玉般的玉融丝滑质地；在东方植萃的山野溯源研究基础上，联合科研团队大胆放弃了对单一科技成分的浓度堆砌，充分考虑东方女性脆敏肌肤对西式猛药的耐受挑战，注重面部轮廓紧致流畅，发现了玉龙雪域桃胶原萃、西藏高原紫苜蓿、新疆天山雪莲和长白山紫苏精粹油；在精准功效护肤的科学深度研究基础上，精选了温和又有效的超分子弹润肽和神经递质肽，实现了护肤功效与温和性的最佳平衡状态，实现了轮廓流畅、饱满丰盈、自带柔焦的"玲珑好气色"；在瓶器工艺研究过程中，采用纯手工粗线盘精致打磨工艺，融合超高速旋转机的精雕细琢，最终打造成功了玉石般温润的不倒翁渐变东方高端面霜瓶器。

在深度洞察东方女性面部骨相和皮肤下垂松弛的护肤痛点基础上，秉承守护东方女性的自然之美紧致流畅轮廓的理念，丰盈版玲珑时光面霜在2023年秋冬季面市之后，赢得了无数热爱东方养生的青春活力汉风女性的追捧。为了满足混油皮的东方女性的精准抗老需求，联合科研团队随后又重磅推出了轻盈版玲珑面霜，以丝滑水润、沁润化水、一抹润泽的春夏版触变凝霜质地，为春夏季节混油皮的东方女性赋予通透细腻、轮廓饱满的"玲珑好气色"。

中国女排教练郎平曾经说过："女排精神一直在，但是单靠精神不能赢球，还必须要技术过硬。"这不是讲故事或者喝鸡汤得来的结论，关键是平时的功夫训练！

因此，所谓"技术疯子"的基本功可能是去疯狂学习、实践，去打破社会科学和自然科学之间的知识壁垒，去变成同时开动右脑和左脑的"学习疯子"，去寻找显性知识背后的隐性知识的桥梁，不盲从西方护肤科学理念，去深度研究不同于西方的东方女性的皮肤生理学，去打造更加贴合东方女性肤质的产品质地，从而为东方女性提供更优秀的皮肤健康护理体验。

08

产品经理的 15 条创新秘籍

产品经理人的勇气，
是不怕试错、不怕黑暗、被虐千回还能重新活过来的力量！

最好的投资项目就是自己。投资自己，是最安全的投资，是最公平的投资，也是绝对没有损失的投资，只要时间长，就可以看到收益。

十七年前，到上海谋生的第一天，我去超市买了一堆生活用品，却唯独忘了买一瓶水，也没有水杯。夜里渴醒了，没有水喝。在冒险家乐园里的上海滩的第一夜，我只能在点点星光下，在厨房水龙头下灌两口自来水解渴。

十五年前，大雪纷飞的季节，我去韩国待了三个月。公寓房东为省钱，每天只订了半天的暖气供应。从早8点到晚8点，公寓停止供暖。平日里外出上班还好，但是每个周末的下午，我在屋里总是被冻得不行，只能一壶接一壶地不停地烧热水，然后一杯接一杯地喝热水取暖，保持体温。

人总是在孤单一个人的时候，才学会如何更好地照顾自己。一个人读书，看到好玩的文字，自己听着自己的笑声。一个人看夜空的星星，感动到哭，却并不怎么难过。因为，自己陪自己的时间久了，慢慢学会了自己观察自己，然后就明白了，越孤独，越成长。

这一种成长，是学会了把自己分成两个人。在开心的时候，一个自己笑；另一个自己会平淡地看着那个笑着的自己，心里想着：这个傻笑的人，好傻。在难过的时候，一个自己在心里哭；而另一个自己，不说话，也并不难过，只是默默陪着，直到天亮。

我们常常忙碌于追逐外在物资财富，而忘了去充实自身的内在精神财富。有人曾经问股神沃伦·巴菲特：世界上最好的投资项目是什么？巴菲特这样回答他：最好的投资项目就是自己。投资自己，是最安全的投资，是最公平的投资，也是绝对没有损失的投资，只要时间长，就可以看到收益。

是的，真正的聪明人都明白：投资自己才是最好的投资！那么问题来了，我们如何进行自我投资呢？我认为，心理学家马斯洛的"自我实现者的15大心理特征"理论，是最好的投资指南。

作为寻求自我突破的产品经理人，我们不妨来一起学习一下这15大心理特征，看看我们的差距在哪里？

心理学大师马斯洛在研究了历史上许多伟人共同的人格特质之后，详细地描绘出"自我实现者"（成长者）的画像。自我实现者有下列15个心理特征：

全面和准确地认知现实

自我实现者对世界的认知是客观的、全面的和准确的，因为他们在感知世界时不会掺杂自己的主观愿望和成见，或带有自我防御，而是按照客观世界的本来面貌去感受。与此相反，心理不健康者则是以自己的主观方式去知觉世界的，他们试图使世界与自己的主观愿望、焦虑和担心相吻合。

在全新欧莱雅20玻色因抗老修护霜的基础研究过程中，科研团队完美融合了玻色因微泵渗透系统和白丝绒软糯质地的配方架构，从而实现了深度精准抗老功效与丝滑软糯触变肤感的完美统一。

接纳自然、自己与他人

自我实现者能够接受自然、自身及他人的不足与缺陷，而且不会因这些缺陷而忧心忡忡。对于可以改造或可以调整的不足与缺陷，他们会以积极的态度来对待；而对那些不可改变的不足与缺陷，他们能顺其自然，不会跟自己、他人和社会过不去。

对人自发、坦率和真实

在人际交往中，自我实现者具有流露自己真实感情的倾向，他们不会假装或做作，他们的行为坦诚、自然。一般而言，他们有足够的自信心和安全感，这使得他们足以真实地表现自己。

以问题为中心，而不是以自我为中心

自我实现者热爱自己所从事的工作，献身于某种事业或使命，并且能全力以赴。与常人相比，他们工作起来更刻苦、更专注。对他们来说，工作并非真正的劳苦，因为快乐恰恰寓于工作之中。

在欧莱雅研发创新中心面膜体验研究创新过程中，通过大量实验验证、反复讨论优化，项目团队从传统中式折扇等传统日用品的打开方式中找到了灵感，最终创造了"一秒展开"面膜布的产品创新突破，解决了用户痛点。

具有超然于世和独处的需要

自我实现者以自己的价值和感情指导生活，不依靠别人来求得安全和满足，他们依靠的只是自己。他们一般都喜欢安静独处，这样做并不是因为害怕别人，也不是有意逃避现实，而是为了在减少干扰的条件下，更好地深思，更全面地比较，以便去寻求更为合理的解决问题的方案。他们平静安详，保持冷静，安然地渡过或顶住各种灾难和不幸。

具有自主性，保持相对的独立性

自我实现者行为的动力主要来自于自身内部发展和自我实现的需要（即B—驱动），而不是来自于因缺少某种物质或精神上的东西需要外部的补充（即D—驱动），因而他们更依赖自己而不是外部环境，能够抵制外部环境和文化的压力，独立自主地发挥思考的能力，自我引导和自我管理。

具有永不衰退的欣赏力

自我实现者能够对周围现实保持独特而经久不衰的欣赏力，充分地体验自然和人生中的一切美好事物。他们不会因事物的重复出现而习以为常，失去敏感。相反，他们对每一个新生儿、每一次日出或黄昏，都像第一次见到时那样新鲜，那么感兴趣。

具有难以形容的高峰体验

高峰体验是人感受到的一种强烈的、心醉神迷的狂喜或敬畏的情绪体验。当它到来时，人会感受到无限的美好，具有极大的力量、自信和决断意向，甚至连平凡的日常活动，也可能被认为是胜过一切的、妙不可言的活动。马斯洛认为所有人都具有享受高峰体验的潜在能力，但只有自我实现者更有可能、更常获得这种体验。

对人充满爱心

自我实现者所关心的不仅局限于他们的朋友、亲属，而是扩及全人类。他们把帮助穷困受苦的人视为自己的天职，具有与所有的人同甘苦、共患难的强烈意识，千方百计为他人着想。在自我实现者看来，他人的快乐就是自己的快乐，他们已经把自己从满足自身狭隘需求的牢笼中解放了出来。

在玲珑时光初见面霜的科研过程中，研发团队不盲从西方护肤科学理念，去深度研究不同于西方的东方女性的独特骨相结构和松弛下垂的初老信号，去打造更加贴合东方女性肤质的轮廓流畅、饱满丰盈、自带柔焦的"玲珑好气色"。

具有深厚的友情

自我实现者注重与朋友间的友谊，他们交友的数量虽然不多，同伴圈子比较小，但友情深切且充实。就对爱的理解来说，他们认为爱应当是全然无私的，至少给予爱和得到爱应当同等重要。他们能够像关心自己一样，关心所爱者的成长与发展。

具备民主的精神

自我实现者谦虚待人，尊重别人的权利和个性，善于倾听不同的意见。对他们来说，他人的社会阶层、受教育程度、宗教信仰、种族或肤色，都是不重要的，重要的是他人是否掌握真理。自我实现者极少产生偏见，他们愿意向一切值得学习的人学习。

区分手段与目的

自我实现者的行为几乎总是表现出手段与目的界限。一般来说，他们强调目的，而手段必须从属于目的。自我实现者常常将活动经历当作目的本身，因而比常人更能体验到活动本身的乐趣。

富于创造性

这是马斯洛研究的所有对象共同的特征之一，他们每个人都在某个方面显示出独到之处和创造性。虽然他们中某些人并不一定是作家、艺术家或发明家，但他们具有与儿童天真想象类似的能力，具有独创、发明和追求创新的特点。

在亲爱男友飞行员香水、蓝系大螺钉精华水和子弹头口气清新喷雾的新品创新过程中，产品创新团队勇于突破传统瓶瓶罐罐的女性化包装，打造了富有阳刚之气的男子气概的男士护肤创新爆品。

处事幽默、风趣

自我实现者非常善于观察人世间的荒诞和不协调现象，并能够以一种诙谐、快乐、风趣的方式将这些现象恰当地表现出来。但他们绝不把这种本领用之于有缺陷的人，他们对不幸者总是给予同情。

反对盲目遵从

自我实现者对随意应和他人的观点和行为十分反感，他们认为，人必须具有自己独特的主观见解，认定的事情就应坚持去做，而不应顾忌传统的力量或舆论的压力。他们这种反对盲目遵从的倾向，显然不是对文化传统或舆论的有意轻视，而是他们自立、自强的人格的反映。

在素士发膜养发吹风机的打造过程中，产品设计团队敢于突破传统热风吹风机的固有设计，融合独创冷风通道和"胶原蛋白＋蚕丝蛋白"发膜精华配方，创造了"吹发即养发"的营养发膜吹风机。

心理学家岸见一郎和古贺史健合著的阿德勒心理学的《被讨厌的勇气》一书认为，我们不应该将自己当作一个微小封闭世界的受难者。在我们的视线之外，我们与这个巨大世界还有更为宽广的连接。

也许无论成长到哪里，我们都无法控制自己内心喜怒无常的情绪起伏。但是孤单越久，我们越能学会与自己的情绪和平相处，不评判自己、不埋怨自己、不纵容自己。只不过是一个自己，静静陪着另一个自己，从星夜到黎明。

作为不断突破自我的产品经理人，我们的一生，也许勇气是在第一位的。这个勇气也许包括不怕试错、不怕黑暗，被虐千回还能重新活过来的力量！无论我们可能遭遇什么艰难险阻，希望以上自我实现者的15个心理特征，都能助我们一臂之力！

09

移轨创新：推倒怀疑的墙

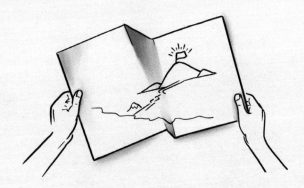

我们无法在一份旧地图上，发现新大陆。

长风破浪会有时，直挂云帆济沧海。

——李白《行路难》

什么是移轨创新？

我第一次接触"移轨创新"，始于2010年在新加坡举办的强生亚太区青年领袖论坛的创新技能工作坊。我和来自亚太区各国的经过层层选拔的35岁以下的强生技术精英们一道，在来自Erehwon公司的两位印度创新教练的引导之下，被要求在物资非常有限的一天时间内，完成一系列极具挑战的团队游戏创新挑战任务。

我在后来才知道，该创新工作坊的理论源于《移轨创新：充分释放改变历史的创新潜能》这本书。该书的作者拉吉夫·纳兰于1989年在印度创立了Erehwon创新咨询公司，经过30多年的发展，该公司已经成为创新咨询领域的世界领先企业。

与一般的创新理论不同。大多数商业行为都是利用某种不对称来套利，比如信息不对称、资源不对称、供求关系不对称。然而只有那些能完成"移轨创新"（Orbit Shifting Innovation）的公司，才能真正捕捉到用户自己都没有觉察到的需求，制造一种伟大的新的不对称，改变人类历史，从而在宇宙间留下创新的印迹！

移轨创新的出发点不是"增量的创新"，而是"质变的创新"。它关注的不是线性的、增量的、可控的创新，也并非新产品、新服务、新技术那么简单。移轨创新，是指对生态系统和商业模式的突破性创新，从而使整个价值链条转移，开启新的轨迹和历史。它是激进的、爆发式的、多线程式的。

组织创新的障碍

组织创新的最大限制因素，并非激烈红海市场竞争和企业规模大小，而是整个组织和团队的思维惯性（被拉吉夫·纳兰称为"地心引力"）。拉吉夫·纳兰借用天体力学和航天领域的概念：gravity（地心引力）、escape velocity（逃逸速度）、orbit shifting（移轨），引入了"移轨创新"理念。

地心引力无处不在，但是却看不到，甚至感觉不到，然而它防止我们脱离地球。思维方式的惯性引力也是如此，"这样行不通""那样不现实"的思维定式，会限制创新的可能性，换句话说，我们无法在一份旧地图上，发现新大陆。

因此组织创新的成功，关键在于建设一支不安于现状、能超越现有政治结构和KPI考核体系的内部创业团队，脱离原有"卫星轨道"的"舒适区"，成为全情投入的挑战者（而不是防御者），通过创新突破获得"逃逸速度"（第二宇宙速度），以直面市场的勇气去征服所有困难，直至在市场上成功为止！

移轨创新的原则

移轨创新的方法，是要将组织从舒适区一脚踢出来，摆脱地心引力，直面未知的浩瀚宇宙。换句话说，移轨创新提供的不是一张地图，而是一个指南针。它不会告诉我们确切的创新路线是什么，而只是提供大方向，无论迷雾重重还是狂风暴雨，它都会为你指引方向。移轨创新的关键是突破僵化的思维框架，从六个全新维度寻找创新可能性的新洞察。

笔者认为，移轨创新有以下几点原则：

（1）Personal growth relates to the size of the challenge, not the size of the kingdom.（个人成长与挑战的大小有关，而不是与组织的大小有关。）

激励真正创新者的是更令人兴奋的挑战，而不是向他们报告的团队人数。挑战带来的"差异的大小"比"业务的大小"更鼓舞他们走出舒适区，进入未知世界。

（2）The new direction is the challenge, not the destination.（创新挑战是未来方向，而不是短期目标。）

挑战是颠覆式创新者的努力方向，而不是短期目标。他们关注的是价值创造，而不是价值保护。他们关注的不是眼前创意的缺陷，而是未来的可能性。他们不断地关注可能取得的进步，而不是止步于现有方案的缺陷。

（3）Be an attacker of forces holding people back, not a defende.（成为阻碍人们前进的力量的袭击者，而不是防御者。）

真正的创新者从质疑世界秩序开始，而不是顺从世界秩序。他们首先要面对阻碍每个人前进的力量，而不是与之共存。这些力量包括心态引力、组织引力、行业引力、国家引力和文化引力。

（4）New insights come from a quest for questions, not a quest for answers.（新的见解来自对长期问题的探索，而不是对短期答案的探索。）

这种寻找新问题的发现心态，促使真正的创新者远离更多相同的问题。他们从根本上成为价值追求者，他们在每一次经历、每一次谈话中寻找价值。他们不寻求短期处方，而是寻求长期的可能性。

（5）Stakeholders must be connected into the new reality, not convinced.（利益相关者必须融入新的现实，成为共创者，而不是被说服者。）

真正的创新者促使利益相关者采纳甚至共同拥有轨道转移理念。他们先把心放在心上，假设思想也会跟着做。他们寻找聪明的人，他们公开表达自己的疑问，然后在合作中克服问题。在西方跨国上市企业的管理体制之下，重大的产品决策权依然在远离中国市场的欧美总部。

面对二级资本市场的季度评判的短期压力，即欧美总部的决策者即使认同局部市场的新趋势和用户新洞察，但是通常依然会对风险高、收益不确定的颠覆式创新项目作出偏向保守的决策，而不会像本土初创新锐企业那样充满冒险精神和革命激情。这对欧美跨国大公司也许是永远的遗憾，但是对中国本土国潮品牌也许意味着永远的机遇和市场蓝海。

笔者认为，来自谷雨、C咖、逐本、摇滚动物园、花西子、橘朵等本土新锐品牌的创新者打造的一款又一款新锐爆款产品，与西方传统男士护肤品牌的最大不同之处是：他们在愿景上是更加追求新浪漫主义的愿景，而在执行上是更加追求现实主义的策略。他们期待挑战，当问题出现时，他们不会感到惊讶、失望或失望。他们直面它们，直到解决它们！

大多数保守派，追求的是确定性。曾经令笔者所在的本土创新项目团队兴奋不已、夜不能寐的新洞察、新机会，对于曾经战功赫赫的欧美高层决策者来说，更像是一群"嘴上无毛"的中国年轻人带来的一个令人头疼的大麻烦。他们几乎会瞬间识别新创意方案中的缺陷，并快速中止高风险的项目，而不会主动授权赋能，释放内部精英资源来解决问题，不会通过耐心的建设性的对话来探索"新的解决途径"。

面对摆脱地心引力所需要的 11.2 千米每秒的第二宇宙速度，过去没有人相信如此惊人的速度可以被人类实现。这如同 2018 年甚至直到今天，西方高层决策者依然会怀疑，浦东新区金豫路 550 号的一群本土青年，具有可能改变中国男性护肤品市场的强大力量与潜能。

因此，笔者能做的就是脱离效力了近 20 年的欧美跨国公司的"地心引力"，以"第二宇宙速度"去尝试移轨本土创新，去拆掉怀疑的围墙！

2022 年春天，我结束了在欧美知名企业多年的打工生涯，加入了位于美丽宁波天明湖畔的雅颜生物，接下了雅颜生物首席科学官的千斤重担。我希望作为一个纯粹的中国人，贡献出一名具有 23 年研发经验的技术老兵的绵薄之力，助力中国本土护肤和美妆品牌的专精高深高端化发展，使其不仅在中国高端化妆品市场，甚至未来在全球高端化妆品市场，占据一席之地！

10

突然暴富的三大魔法

想一千次，不如去做一次。

　　吃苦的本质，是为了某个长期目标而聚集的能力。在此过程中，要放弃娱乐生活，放弃无效社交，放弃不必要的消费。

你是懒散的人吗？

　　你是否和我一样，常常半途而废，有始无终？如果你曾读过胡适留学日记，也许你会看到：

　　7月13日：打牌。

　　7月14日：打牌。

　　7月15日：打牌。

　　7月16日：胡适之呀胡适之，你怎么能如此堕落……

　　7月17日：打牌。

胡适留学时候的这段日记，常常让他自己也哭笑不得。

　　每年元旦或者春节，我们可能会在心中许下新年的心愿，甚至做一个自我感觉完美可行的计划，感觉成功就在眼前！然而不到一个月之后，新年计划可能越来越难以执行。你很想按时起床，最终却一再拖延：再睡一分钟就起床……然后大半天就过去了。

　　下班回到家感觉有点累，你想刷抖音、快手、微博来放松二十分钟，结果却刷手机到半夜十二点依然停不下来。出于自我保护的生理本能，停留在舒适区是对我们最安全的选择。放弃理性思考，只是跟着感觉走，也是节省大脑能量的生理捷径。

突然暴富的三大魔法

稻盛和夫先生曾说："吃苦的本质，是为了某个长期目标而聚焦的能力。"在此过程中，要放弃娱乐生活，放弃无效社交，放弃不必要的消费。这本质上是一种自控坚持和深度思考的能力，也是多数美妆产品经理人和配方师最稀缺的能力。因此，如果我们想要变得更有耐心，想要提升自控力和执行力，路在何方呢？

从我个人的23年的从业经验来说，我有三个毫不费力的小习惯，可能会帮助你带来一些有益的改变，也许可以试试看：

1.用左手拿牙刷刷牙

大脑神经生物学研究发现，人类的学习和思想成熟过程，关键要素是建立更多的大脑神经元连接。如果你平时习惯用右手拿牙刷刷牙，每天早上起床后，你可以尝试做一个健脑游戏：用左手刷牙。

由于使用过度使用鼠标，我右手的手腕经常劳损严重，甚至用右手拿牙刷刷牙都困难。于是有一段时间，我尝试过每天用左手拿牙刷刷牙。这是一种很奇妙的体验。

不听使唤的左手，让我意识到自己左右双手的灵巧性，居然差距十万八千里。我觉得用左手拿牙刷刷牙，是一种很有趣的健脑游戏。我相信它可以激活我的大脑神经元的新连接。坚持用左手拿牙刷刷牙几个星期之后，我感觉不仅左手的灵活性，甚至连自己的自信心都提升了很多。

我想，如果几十年来我一直笨得要死的左手，都能通过几个星期的刷牙练习而发生改变，那么其他不良习惯，应该同样能够得到改变！

2. 对陌生人的无笔速写

空闲的时候，我喜欢观察街上的陌生人，并且问自己，这个人正在做什么？此刻他内心情绪状态可能是怎样的？他的情绪状态可能受到了什么外界因素的影响？

例如，一般人遇到阴沉的下雨天，可能会受到影响而情绪不振。但是如果你去仔细观察出租车司机，你可能会发现，下雨天他们的心情反而更好、更兴奋。因为雨天打车的人更多，并且长途乘客多于短途乘客，出租车司机收入自然更高了，情绪状态就随之更积极、更兴奋了。通过这种漫无目的的观察，我发现自己不再受到环境变化的强烈干扰了。

因为周遭环境不佳时，我会问自己：怎样的人，反而能因为这种负面环境而获益？他是如何做到的？通过这种方式，我就可以将我观察到的陌生人的积极状态，变成我自身的一种资源：辩证思考负面环境的正面价值，这帮助我自己变得更有定力，更加从容不迫。

更加重要的是，通过这种深度观察，我们还可以更好地了解皮肤美容和彩妆用户的生活场景，从而发现用户的痛点、痒点与爽点，挖掘产品创新的潜在价值和机会。

3. 少吃一顿饭

偶尔可以尝试一下，如果少吃一顿饭，身体感受如何？我发现，忍受饥饿，在生理感受上是很奇妙的。

明明饿得有点难受，但是又要要求自己克制吃东西的欲望，这是一种不痛不痒却又非常煎熬的感觉。因为人体衰老研究发现，适当限制热量摄入，可以延长寿命，所以我经常尝试不吃晚餐，或者不吃午餐。实在饿得难受，就喝点温水，或者吃几粒坚果，直到下面一顿饭，再按正常饭量吃饭。当我发现坚持两三个小时，真的能抵抗一定程度的饥饿感时，我的自信心又提高了！因此对于刷手机和喝奶茶等等其他强烈的低能欲望，我也能更好地管控自己了。

通过以上三个小习惯来慢慢尝试改变行为，我觉得有益于提升自身专注力，我越来越自信，也越来越有自我掌控感。我觉得自信心是一种宝贵的财富和动力，当我通过对以上小习惯的坚持尝试，而变得更加自信时，我觉得内心特别富足，有一种一夜暴富的喜悦感和幸福感！

中篇

美丽新科学：前沿生物科技

皮肤，是人类最大的感觉器官，是情绪之门。

11

生命是什么：前沿科学进展趋势

我们需要手握望远镜，去和其他领域的科学家们携手，
共同探索科学视角带来的科学认知新突破！

从功效原料的作用机理研究，到新原料开发，再到化妆品制剂形成，最后到功效性及安全性评价，互融破圈式科研合作必须形成一个完整的闭环，才能真正创造高品质的化妆品。

著名思想家王阳明在诗中写道："山近月远觉月小，便道此山大于月。若有人眼大如天，当见山高月更阔！"

在学习的道路上，我们不仅需要在显微镜下深耕自己熟悉的科学领域，更需要手握望远镜，高瞻远瞩，去和其他科学领域的科学家们携手，共同探索新科学视角带来的科学新认知突破！

《生命是什么——生物细胞的物理学见解》是奥地利物理学家埃尔温·薛定谔创作的生物学著作，于1944年首次出版。在《生命是什么》一书中，薛定谔通过热力学和量子力学理论来解释生命的本质，引入非周期性晶体、负熵、遗传密码、量子跃迁式突变等概念来说明有机体物质结构、生命的维持和延续、遗传和变异等现象，推动了分子生物学的诞生。

在书中，薛定谔指出：一个有机体的生长是由连续的细胞分裂引起的，这样的细胞分裂称为有丝分裂。我们的身体是由细胞组成的，但是有丝分裂不是人们所认为的那样一件频繁发生的事情，在有丝分裂的开始阶段，细胞的生长是很迅速的，在身体的不同部位，细胞有丝分裂的频率是不同的，因此各个部位的细胞数目是不平衡的。通过计算，我们可以知道卵细胞只要分裂50次或60次，就可以生成一个成人的细胞数，甚至是这个数目的10倍，由此可以知道我们的一个体细胞仅仅是原始卵细胞的第50代或60代的后代。

薛定谔告诉我们，遗传是持久、永恒的。遗传性经历了若干世代被完整地传下来，并没有可以观察到的明显变化，尽管不能说他们几万年不变，但至少在几百年内是不变的。合成受精卵的两个细胞和物质结构，在传递过程中存在着遗传性状，几乎每次传递都是这样，这不能不说是一个奇迹。不过，人类生命的延续依赖遗传的神奇作用，而我们运用认知能力获取关于这个奇迹的知识，我想这又是一个伟大的奇迹。

一个均匀环境里的系统，或者一个孤立的系统，由于它的熵值在不断增加，因此它会越来越趋近于最大熵的惰性状态。现在我们知道这个基本定律是事物的一种必然的自然倾向，如果我们不能有效地设防，这个倾向就无法避免。

自然界中的每一个过程事件、突发事件等，它们在发生的过程中，意味着在其中你对应的那部分熵在增加，因此一个生命有机体无时无刻不在生产熵或者增加正熵，同时他们不断趋近熵的最大值。这一缓慢的过程之后就是生命有机体的危险状态，即死亡。

那么如何才能摆脱死亡，一直保持生命的存在状态呢？从环境中孜孜不倦地吸取负熵恐怕是唯一的办法了。负熵是一种积极的物质，它是有机体维持生命的重要物质。换句话说有机体成功地在存活期间，不断地消除活着的时候不得不产生的全部的熵，这就是新陈代谢的本质。

生命以负熵为生，这就好比生命有机体借助于外界的负熵来消除他体内的正熵的增加量。由于这种正熵在生活中产生，因而它是不可避免的。生命有机体就是通过这样的方式来保持自身处于一个稳定的水平。

"绿树阴浓夏日长，楼台倒影入池塘。"2021年5月，CBE SUPPLY美妆供应链博览会倾力打造了云集科技精英与行业翘楚的中国化妆品科学大会，本次科学大会总结了科技赋能下的精准护肤与创新互融的最新技术发展的三大趋势。

深入洞察当代国人生活方式变化，探索精准护肤技术新路线

2021年，是化妆品功效评价法规元年，在这样一个化妆品行业发现的关键时刻，与化妆品功效性密切相关的技术创新是一个非常热门的话题。在前沿科技大会上，知名大学教授、皮肤科专家、企业首席科学家、第三方功效评估机构的专家们对化妆品的功效发展进行了深入意见交流在思想碰撞中激发创新。

我在前沿科技大会上，曾经重点解读了由于大屏幕触摸屏手机和移动互联网的发展，以及电子产品的蓝光辐射对褪黑素分泌的影响。我们这一代人的睡眠时间比上一代人每天平均少了2个小时，由此带来了年轻人皮肤健康水平不如老年人的中国独有的"反科学现象"。复旦大学的马彦云博士后也在皮肤美容科学大会上解读了蓝光皮肤损伤和蓝光治疗痤疮等关于蓝光辐射的正反两方面的作用。来自伽蓝集团的产品总监徐超尔女士在此届中国化妆品科学大会上深度解读了该公司历时八年研究的关于东方肌肤衰老的表观遗传学研究成果，公布了关键靶标MicroRNA表达及对800多种喜马拉雅植物资源活性物高通量筛选平台的研究成果，为东方肌肤的精准抗衰带来了新思路。

WGSN趋势总监也从本土化创新的角度，指出了国人对于天然、环保的新期待，以及2021—2023年化妆品科技发展的四大关键词：草本美妆、生物科技、超级食物、微生态美妆。皮肤表面拥有庞大而复杂的微生物生态系统，它们与免疫系统相互作用，共同调节着皮肤，增强皮肤防御能力、改善皮肤健康状况。面对疫情下长期佩戴口罩带来的接触性皮炎及"口罩脸"问题，瑞士帝斯曼生命科学集团的技术经理陈临婧介绍了Alpaflor ALPSEBUM CB有机活性益生元的抗敏、控油、抗痘的精准护肤新解决方案。

改变世界的三把钥匙——微生物组、人体基因组、脑连接组，为中国美妆科技发展引领新航向

地球已经诞生46亿年了，但是人类真正开始解开生命密码，可以说只有160多年的历史。1856年，奥地利贫苦花匠之子，传道士孟德尔（生物学家和数学家）在圣托马斯修道院在开始了长达8年对豌豆遗传密码的研究。

从那时至今的160多年来，人类对于生命科学的探索突飞猛进，从器官到细胞，从细胞到基因，逐渐揭开了上帝造人的密码。最近一年来，人类在前沿科学研究领域中也取得了突飞猛进式的新进展，给化妆品行业发展带来了新价值和新启发。

江南大学教授、化妆品创新主任、博士生导师杨成在此届中国化妆品科学大会上指出现代科学对于皮肤衰老、色素沉着等皮肤问题的认知已经深入了基因、蛋白质和微生物组层面，对皮肤衰老的外在因素与内在因素之间的相互影响已经有了更深入的科学洞察，推动着当前化妆品行业进入了分子美容的新时代。

人脑只有大约1.5千克，但是其中却蕴涵着我们的全部智慧、知识和创造力。人类大脑中数百亿个神经元连接的可塑性，为人类改变命运和改造世界带来了无穷的可能性。脑神经元连接组研究是前沿科学最后的珠穆朗玛峰。在此届化妆品科学大会上，我重点介绍了科学家对HPA神经轴和皮质醇的研究，揭示了情绪、压力与脱发、皮肤问题的关系，还深入解读了清华大学脑科学研究所2020年底在《自然》杂志上发表的大脑—脾神经轴免疫增强作用的新发现，指出了脑神经对脾脏释放免疫抗体的增强作用，为将来情绪护肤、快乐美容技术的发展提供了新的可能性。

从实验室分析到消费者真实生活场景下的智能传感器研发，功效检测新技术为行业科技发展赋能

科技互融，创新突破。天津尚美化妆品有限公司首席科学家张蕾教授、珀莱雅化妆品股份有限公司首席研发官蒋丽刚等企业界科学官们则在此届化妆品科学大会上，对于与科研院所、皮肤科医疗机构的深入合作充满了期待，他们指出，从功效原料的作用机理研究，到新原料开发，再到化妆品制剂形成，最后到功效性及安全性评价，互融破圈式科研合作必须形成一个完整的闭环，才能真正创造高品质的化妆品。

不同领域的专家，具备不同的技术特长，例如皮肤科医生对皮肤研究得比较透彻，化妆品企业对原料和配方配伍研究得比较深入，大学科研院所对原料端的开发和机制机理研究得比较多，如果三者可以长期充分协作，必将促进化妆品技术的加速发展。

"长风破浪会有时，直挂云帆济沧海。"让我们共同期待化妆品行业科技发展的未来美好前景！

12

皮肤的心机:
我们外表之下的未解之谜

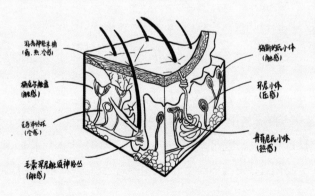

触摸, 是人与人之间最原始的交流方式之一。
随着神经美容学未来科学研究的深入, 我们将有机会全面解密"皮肤的心机"。

　　花王神经美容学最新研究发现，"手按"或用手掌轻轻触摸面部皮肤的愉悦触感会激发积极情绪，还可以改善皮肤外观。

　　时光飞逝，眨眼之间，入行做配方师已经23年了。关于皮肤的结构与功能的课程，我听了无数遍，也讲了无数遍。但皮肤依然好像每个青春男孩的暗恋对象，十分神秘，充满了未解之谜。

皮肤是人体最大的器官

　　成年人的皮肤表面积约为1.6平方米，皮肤总质量约为3千克，相对于我们1.4千克的大脑和1.2千克的肝脏，皮肤可谓是重量级的大型器官。

　　所有生命，都诞生于海洋，因而我们体内依然存在着"大海的痕迹"：我们的体重中高达70%是水分。我们身体里的这个小海洋，需要被保护不流失，因此需要被一个像充满弹性的气球一样的保护膜保护。我们身体海洋的这个外部保护膜，就是人体最大的器官：皮肤。

　　大致来说，皮肤由最外层的表皮和表皮下较厚的真皮构成，整体厚度为0.06～0.2毫米。角质形成细胞是表皮细胞大军的中流砥柱，它永不停留，不断向上分裂，变成了铜墙铁壁般滴水不漏的万里长城——角质屏障，然后14天后战死沙场，"化身成仁"，变成皮屑，从皮肤脱落。

　　皮屑如蒲公英般飘散在风花雪月之中，化身为你枕边的小小警卫员；或者在天空中默默注视着你，变成你的守护神。而所有战士们的心脏——角化形成细胞内部的细胞核，都全部融化变成了黏结万里长城的混凝土，就是那个你可能已经听说了一万遍的"砖墙结构"之间的皮脂膜屏障。

　　在表皮细胞的大家庭中，角化细胞还有一个又黑又胖的小弟——黑色素细胞；一个当上了侦察连连长，主管触觉的大哥——梅克尔细胞；还有一个像林黛玉一样多愁善感，主管免疫保护的妹妹——朗格汉斯细胞。

　　在表皮层之下的深不见底的地下防空洞中，是我们看不见的厚达 1 ~ 4 毫米的真皮层。真皮层构成的地下防空洞内部结构纵横交错，极为复杂。防空洞内隐藏着一支地下军队。这是一支由成纤维细胞军团、胶原蛋白军团、氨基聚糖军团、肥大细胞军团、毛细血管后勤大队构成的庞大军队，被称为细胞外基质（Extracellular Matrix，ECM）。

　　人体是迄今为止最为复杂的机器。但和一般的机器不同，人体是具有自我调节能力、能够应对外界压力与挑战的复杂有机体。为了在战斗和运动过程中保护身体免受损伤，在肉眼看不见的人体表皮层之下，人类进化出了一套贴身战袍：细胞外基质。它仿佛人体表面的银色战衣，为体内的所有细胞的生存及活动提供适宜的空间，并通过信号转导系统影响所有细胞的行为。

　　细胞外基质是由组织中的细胞分泌并停留于细胞外的一类产物。大量研究表明，细胞外基质可以针对生物体内的微环境的变化而产生动态响应，影响细胞的行为，并维持着生物体内各组织的稳态。

生物力学研究表明：人体细胞外的ECM结构是以桁架为基础架构的多边形生物张拉整体，它是由连续张力构件（例如氨基聚糖与蛋白聚糖）与不连续压缩构件（例如胶原蛋白）组成的张拉整体，它能够承受巨大的外界应力并能保持原本形状的稳定性。过去二十年的科学研究已经证实，细胞外基质不只是为组织和机体提供力学支持和物理强度。它的刚度和弹性还会广泛影响细胞的所有生物学行为过程，包括扩散、生长、增殖、迁移、分化和类有机物的形成等。

你的皮肤并不属于你

皮肤屏障的再生是皮肤的自主性活动，皮肤是可以自主感知、思考、判断并采取相应行动的有机器官。在干燥环境下，皮肤角质层会自发变厚；而在高湿环境下，皮肤的角质层又会自主变薄。

更加神奇的是，在皮肤的角质层中，既没有感知外界环境变化的神经纤维，又没有带细胞核的活细胞。这是个由已经死亡的角质形成细胞和天然皮脂构成的无声沉默世界，虽然厚度为10～20微米，只有头发丝直径的十分之一，却极具活力与生命力，时刻不停地保持更新与再生。即使你偷懒，几天都不洗澡，角质层都会不断自我更新，而绝不会将你变成小伙伴眼中的"厚脸皮"。

皮肤是喜怒无常的，它是情绪之门

皮肤是我们身体和外界的分界线，一旦外界环境发生变化，皮肤就会相应地发生变化。

近10年来，飞速发展的神经科学，不断取得最新的科学新发现：表皮下分布着丰富无数的触觉小体和神经末梢，它们各司其职，可以感受冷热酸胀麻，和人生大戏的每一位主角演员一起，经历着人生的寒来暑往、酸甜苦辣和喜怒哀乐！

皮肤是我们身体与外部世界的界面，它是情绪之门！

在外界压力刺激下，人体作战指挥中央司令部——神经系统，会释放出一支信号兵部队：皮质醇，引发我们的皮脂腺大量分泌皮脂，造成皮脂腺过量分泌油脂，进而发展成为闭口，甚至爆痘。

令人开心的是，除了忧伤与愤怒，皮肤也会变成欢乐的海洋。日本花王的神经美容学的前沿科学研究发现了让皮肤部落充满欢声笑语的神奇办法：花王神经美容学最新研究发现，"手按"或用手掌轻轻触摸面部皮肤的愉悦触感会激发积极情绪，还可以改善皮肤外观。更加神奇的是，具有令人愉快质地的面霜的使用体验，可以更好地诱导面霜使用者的积极情绪，同时也显著提高了皮肤外观的表现。

触摸是人与人之间最原始的交流方式之一，但人们对其对皮肤生理的影响知之甚少。随着神经美容学未来科学研究的深入，我们将有更多机会揭示外界刺激源对于人体神经系统和皮肤健康的影响，全面解密"皮肤的心机"。

让我们，共同期待！

13

为什么快乐可以美容？

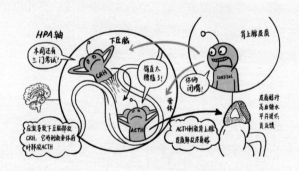

我们表皮下分布着丰富无数的触觉小体和神经末梢，
它们各司其职，和主人公一起经历着人生的酸甜苦辣和喜怒哀乐。

在生活美容过程中，选择合适的护肤品和护肤手法，也同样可以将我们带入正念冥想状态中，这种全情投入的护肤体验状态，被称为"沉浸式护肤"体验！

2018年在德国慕尼黑举行的IFSCC国际化妆品科学家大会上，来自日本花王公司的科学家公布了一项研究成果。通过皮肤专家评估的方法，在使用相同的护肤品条件下，对比了情绪状态不同的两组人群的"颜值变化"。结果发现，在皮肤的肤弹性、皮肤光泽度、肤色均匀度等多项"颜值"指标上，高分情绪组的评估结果都显著高于低分情绪组，量化表征了"积极情绪"对于护肤品功效的提升作用。

加州大学洛杉矶分校的研究人员也发现，45人为期8周的冥想训练，获得了皮肤状态改善的效果，其生物学机理可能与这些受试者白细胞中的NF-kB（一种炎症反应的核心开关）失活，从而改善皮肤炎症和老化有关。笔者认为，上述科学研究成果向我们预示着：快乐，真的可以美容！

近几年来，日本花王公司的研究表明，无论是护肤品本身还是护肤手法，都可能给人带来积极情绪，从而显著改善皮肤状态，神经美容学科学探索的大门，正由此开启！

那么，为什么说快乐可以美容呢？背后有什么科学依据呢？笔者认为，这要从人体神经系统与内分泌系统之间的生理轴HPA轴说起。

什么是HPA轴？

在人体的脑神经科学和内分泌研究中，科学家们在1950年代发现了下丘脑—垂体—肾上腺（HPA）轴，该神经轴系统是一个重要的神经内分泌系统，包括下丘脑、垂体和肾上腺。科学研究发现，HPA轴正是掌控情绪低落与皮肤状态问题的幕后黑手。

HPA轴是机体内平衡、应激反应、能量代谢和神经精神功能的中心。这个复杂系统包括相关腺体（肾上腺、垂体、下丘脑）和相关激素（皮质醇、ACTH、CRH）。人在面对压力、情绪波动的时候，大脑中央司令部会迅速启动HPA轴的"军事指挥系统"，从而来应对压力事件。

例如下周要期末考试了，焦虑情绪袭来，大脑中的司令官下丘脑会通过释放CRH激素，向大脑参谋总部脑垂体发出"战斗动员令"，然后脑垂体会通过内部军事指挥系统（HPA轴）迅速向肾脏上部的肾上腺发布ACTH激素（作战命令），当作战先头部队（肾上腺）接到命令后，就会立刻向全身释放出特种兵部队：皮质醇（压力应对激素）。

什么是皮质醇？

皮质醇是由肾上腺分泌的一种荷尔蒙。肾上腺是位于肾脏顶端的内分泌腺体。当人体处于紧张状态的时候，肾上腺为了应对压力，就会分泌皮质醇。皮质醇和战斗或逃跑的反应相关。皮质醇对身体使用葡萄糖（糖）、调节血压和免疫系统功能等各个方面都发挥着重要作用。

我们可以将皮质醇理解为人体的内在自制兴奋剂，它能够帮助我们应对高考、毕业论文答辩、面试等压力应激事件。皮质醇主要通过迅速提升血糖、血压和心率，帮助我们提高短期的记忆力，提升能量、专注力和警觉性，让我们的身体可以完成外界压力应激事件给生命个体带来的巨大挑战！

因此，短期内皮质醇的大量分泌有许多好处。它帮助生命个体做好应对身体和情感挑战冲击的准备。皮质醇让人在面对紧急事件时产生大量能量，甚至在病毒或细菌入侵的时候，也可以迅速大幅度提升免疫活动需要的能量。

但是，如果我们长期持续地处于心理压力和焦虑之下，那么我们人体的HPA轴作战系统，就会过量释放皮质醇，会导致高血糖、高血压，降低抵抗感染的能力，并增加脂肪在体内的储存。

皮质醇如何影响皮肤状态？

1954年，加拿大麦克吉尔大学的心理学家进行了著名的"感觉剥夺试验"。在感觉剥夺实验中，被试者被戴上半透明的护目镜，被限制视觉；用空气调节器发出的单调声音限制其听觉；手臂戴上纸筒套袖和手套，腿脚用夹板固定，限制其触觉。被试者单独待在实验室里，几小时后开始感到恐慌，进而产生幻觉……在实验室连续待了三四天后，被试者会产生许多心理学病理现象：出现错觉、幻觉；注意力涣散，思维迟钝；紧张、焦虑、恐惧等。实验停止后需数日方能恢复正常。

这个著名的感觉剥夺实验的最终结论是：丰富的、多变的环境刺激是人类生存与发展的必要条件。

而以上提到的所有情绪与生理反应，都与HPA轴和皮质醇密切相关。在外界压力刺激下，人体HPA轴作战系统通过过量释放皮质醇，并通过皮质醇的神经递质作用，引发皮脂腺大量分泌皮脂，造成皮肤出油爆痘，同时随之而来的皮肤闭口和炎症问题，也会让我们的皮肤变得更加敏感，容易泛红、脆弱。这是为什么呢？

研究发现，伴随皮质醇作战系统启动的，还有人体的炎症因子作战系统，在压力应激模式下产生各种各样的炎症因子。这些炎症因子除了让皮肤有个风吹草动就有异状之外，还会放大痘痘问题：平时本该长个小粉刺、小闭口，这时却变成了红肿发炎的"大红包"。压力除了会让皮肤出油、长痘之外，还会让现存的皮肤问题更加严重，如牛皮癣（银屑病）、酒糟鼻（玫瑰痤疮）等。

除了HPA轴和皮质醇以外，从皮肤的生理结构来说，隐藏在人体表皮之下的神经末梢结构，也同样与大脑神经密切相连。皮肤不仅具有给人看的表面体征，从神经科学的角度来看，皮肤更是人体最大的感受器官。

近20年来，神经科学研究飞速发展，不断取得最新的科学新发现。表皮下分布着丰富无数的触觉小体和神经末梢，它们各司其职，可以感受冷热酸胀麻，和主人公一起经历人生的寒来暑往、酸甜苦辣和喜怒哀乐！

最新的科学研究表明，皮肤神经末梢感受系统，在外界刺激下产生的表情变化，居然与皮肤衰老有关。

日本花王的神经美容学研究发现，人的情绪表达和静态皱纹之间可能存在负反馈关系！一方面，在皮肤的衰老过程中，动态的表情纹可能会逐渐累积为难以逆转的静态深皱纹，即情绪会影响皱纹的产生；情绪流露于脸上形成表情纹，表情纹通常是动态的，但是日积月累，也会有可能成为永久性的皱纹，例如，抬头纹与忧虑、震惊和焦虑的情绪相关，鱼尾纹与沮丧、紧张、快乐和下定决心的情绪相关，各种皱纹与对应情绪的关系如下图所示。

皱纹类型	情绪
抬头纹 forehead lines	忧虑、震惊和焦虑
鱼尾纹 crow's feet	沮丧、紧张、做决定、快乐
下颌纹 jaw tension	怨恨、愤怒、无法表达的情绪
眉间纹 frown lines	沮丧、不耐烦、痛苦、专注
眼袋纹 lines under the eyes	悲伤、失爱、压力
鼻纹 nose lines	悲伤、愤怒

另一方面，老化的皮肤也影响着我们的精神面貌。面部皱纹以及色素沉着，可能让人看上去更沉重，造成自己的情绪表达被周围的人错误地判断，从而给周围的人带来负面情绪影响。研究表明，与年轻人相比，老年人皮肤上的皱纹会干扰其真实情感的表达，使老年人的情感不易被清晰地识别，甚至相反地，被完全误解。特别是老年人的笑脸表情，由于皮肤老化，眉间区域的皱眉产生了更深的深浅折痕，会给周围的人带来愤怒或不满的感受和印象，这与相同表情条件下的年轻肌肤带来的感受完全不同。

未来展望

当我们面对负面情绪压力时，是不能用蛮力来强行阻止和对抗外界压力刺激源的。因为我们越想阻止它们，它们其实会越旺盛。

　　基础的冥想技术，特别重视"呼吸内观"。笔者作为一名美国NGH认证的催眠治疗师，面对被负面情绪困扰的来访者，通常会采用冥想技术，来提醒来访者将注意力集中到自己的呼吸状态上，然后将情绪感受视为心中的一条自然流淌的内在河流，面对那一个又一个负面的念头与情绪，我们需要将自己由负面情绪的受害者，转化为一个自我观察者，默默观察一艘一艘的情绪念头的小船，最后慢慢将注意力再次调整到自己呼吸上，这就是情绪调节的正念技巧。

　　正念体验的核心理念就是专注于当下。一个可以应用冥想到生活中的简单例子就是吃饭，用心地去感受嘴里的食物在你的嘴里留下来的感觉，全身心地投入到吃饭这一个动作中，你会发现食物其实是那么的美好。

　　当你细嚼慢咽的时候，你能感受到很多细微的以前不曾感受过的味道。或者你可以在刷牙的时候，感受牙膏泡沫；散步的时候，跑步的时候，感受身体的运动带给你的感觉。慢慢去体会，你会变得越来越平和，也更能体会到生活中的美好带来的更好的皮肤状态。

　　快乐是最好的美容品。除了以上提到的常规的冥想与正念方法技巧，最新的科学研究表明，在生活美容过程中，选择合适的护肤品和护肤手法，也同样可以将我们带入正念冥想状态中，这种全情投入的护肤体验状态，被称为"沉浸式护肤"体验！

　　笔者相信，"神经美容学"和"沉浸式护肤"科学概念的提出，未来将进一步提升护肤体验的愉悦度，甚至增强护肤品功效。我们已经知道：护肤品不仅具有生理层面的护理作用，还有心理层面的护理作用。

　　日本花王的神经美容学的前沿科学研究已经证实：具有令人愉

快的美妙肤感和质地的面霜的使用体验，可以更好地诱导面霜使用者的积极情绪，同时显著提高皮肤外观的表现。来自日本花王的科学家还发现，在护肤的时候，给予适当的积极的触摸，例如，结合按摩手法或仪器刺激产生微电流，可以促进催产素的释放，提升情绪，并且改善皮肤外观的状态。

皮肤是我们身体与外部世界的界面，它是情绪之门！上文提到，"手按"或用手掌轻轻触摸面部皮肤的愉悦触感，同样也会激发积极的情绪。进而，手按仪式引起的积极情绪，还可以改善皮肤外观。

在使用护肤品的时候，如果能充分地调动起我们的视觉、听觉、嗅觉、味觉与触觉，带着正念冥想的心流般的状态全情投入"沉浸式护肤"流程中，那么整个流程也是一种特殊的冥想正念训练，这种训练活动会让我们在护肤过程中提升情绪，在情感方面也得到满足，甚至提升皮肤状态！

触摸是人与人之间最原始的交流方式之一，但人们对其对皮肤生理的影响知之甚少。随着神经美容学未来科学研究的深入，人类未来将有更多机会，探索和揭示外界刺激源对于人体神经系统和皮肤健康带来的显著影响。我们甚至可以更加大胆地想象，利用神经美容科学的各种研究成果，未来必将开发出肤感和功效协同增效的护肤品，乃至新触感、新功效的神经美容电子仪器产品！

14

我们如何感知外部世界？

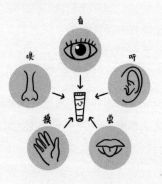

感觉剥夺实验发现：丰富多变的环境刺激，是人类生存与发展的必要条件。

> 敏感皮肤神经纤维密度先天性较高或后天性增高的人群会使其比正常皮肤更容易产生灼热、刺痛、瘙痒的感觉，这也是部分人群皮肤屏障功能完整却表现为肌肤敏感的主要原因。

为什么我们的感觉如此重要？

德国哲学家海德格尔曾经说过："每个人，都是一个谜！"

对于任何一家护肤品或者美妆企业，去深入研究每一个消费者的生理和心理特征，是一件极为困难的事情。由于每个人的遗传特征、成长环境、生活习惯都存在巨大差异，任意两个消费者的生理特点和心理性格特征几乎不可能完全相同。

因此，所有的化妆品及彩妆企业唯一能做的，就是从更加宏观的层面，从总体上把握消费者的皮肤生理学与心理决策的一般规律，从而为技术创新与市场营销提供更有效、更精益的解决方案。

1954年，加拿大麦克吉尔大学的心理学家进行了著名的"感觉剥夺试验"。感觉剥夺实验的最终结论：丰富的、多变的环境刺激是人类生存与发展的必要条件。

我们如何感知外部世界？

正是因为丰富多变的环境刺激是人类生存与发展的必要条件，所以我们个人护理行业向消费者提供的创新的产品和服务才有了价值和意义。正是因为感觉对于人类生存与发展的重要性，所以企业提供的所有的商品与服务才具有了经济价值而被不断需求。

我们的感觉系统，支持着我们每一天的生活，它一方面保护我们免受伤害，另一方面让我们可以体验欢愉。可是在科学机理的层面，我们是如何感知周围环境变化的，这是人类面临的一大谜题。

我们已经知道，我们能感受到太阳的热气、风的吹拂，还有脚底的一片片草叶。温度、触觉和运动产生的印象，对于我们适应周围这个不断变化的世界至关重要。我们的视觉系统可以观察到漆黑夜晚中48米外的蜡烛的火苗，我们的触觉系统可以感觉到距离脸颊2.5厘米蚊子煽动的翅膀。

可是感觉背后的机理，数千年来一直在激发我们的好奇。比如，声音如何影响内耳，眼睛如何感受色彩，不同的化合物如何在口腔与鼻腔中产生嗅觉和味觉？

17世纪，哲学家勒内·笛卡尔提出皮肤的不同部位上存在内在线条与大脑相连。例如当我们的脚接触到火苗时，皮肤下的内在线条就会向大脑发送一个报警信号。

之后，更多的科学发现并揭示了人类感觉神经元的存在，它们感知并传递着关于周围环境中的变化的信息。1944年，约瑟夫·厄尔兰格教授和赫伯特·加瑟教授获得了诺贝尔生理学或医学奖，他们的成就是发现了不同类型的感觉神经纤维，它们各自能对不同的刺激做出反应，比如疼痛的触觉和不痛的触觉。在那之后，研究又指出神经细胞在感受和传导不同的刺激方面是高度特化的，由此使我们产生对环境的细微知觉，比如，我们的指尖能感受不同质地的区别，我们的皮肤还能区分使人愉悦的温暖和令人疼痛的高温。

20世纪90年代末，美国加州大学旧金山分校的大卫·朱利叶斯教授试图分析化合物辣椒素如何在人们接触辣椒时引发灼热感。在这个过程中，他看到了取得重大发现的可能性。之后，朱利叶斯获得了2021年诺贝尔生理学或医学奖。

当时我们已经知道，在哺乳动物中，有害化学、机械或冷热刺激感知主要发生在专门的、初级神经元的外周末梢，称为多模态伤害感受器（Fields）。这些传入信息被传递到中枢神经系统，最终引起疼痛或不适感，并启动适当的保护性应激反应。该系统的保护功能取决于神经系统侦测各种物理和化学刺激的能力，但是在整个细胞和单通道水平上的感应通路尚不清晰。

辣椒素是"热"辣椒中的主要辛辣成分，辣椒的天然产物，是许多"辣"和辛辣食物的活性成分，它可以激活引起痛觉的神经元，从而引起灼痛感，但它发挥作用的机制一直是一个未解之谜。朱利叶斯教授和他的科研团队创建了一个具有数百万个DNA片段的数据库，这个DNA数据库对应的是在感觉神经元中表达的基因，它们可以对疼痛、热、触觉作出反应。他们相信，能感知辣椒素的DNA片段就存在于其中。

朱利叶斯教授的团队提出了一种猜想，这个DNA数据库中应该包含了编码能对辣椒素作出响应的蛋白质的DNA片段。他们在通常不与辣椒素反应的细胞中表达了这个库中的单个特异性的基因。经过漫长而艰辛的数百次试验搜寻和筛选，朱利叶斯教授的团队终于找到了一个能够使细胞对辣椒素敏感的基因。也就是说，能感知辣椒素的基因终于被发现了！

朱利叶斯教授使用辣椒中的辣椒素找到了TRPV1，这是一种能被疼痛时的热量激活的离子通道受体。此后，更多相关的离子通道陆续被找到。现在，我们能够理解不同的温度如何在神经系统中诱导并产生电信号。

　　进一步的深入研究表明，这种新发现的基因可以编码一种全新的离子通道蛋白受体，这个新发现的辣椒素受体随后被命名为TRPV1。当朱利叶斯教授在研究这种蛋白质如何感知热量时，他无意间发现了一种热敏受体——在感受痛觉的温度之上，TPRV1受体被激活了。

　　TRPV1的发现无疑是一项重大突破，它也为揭示其他温度感应受体提供了线索。朱利叶斯教授和帕塔普蒂安教授后来分别独立使用清凉剂薄荷醇鉴别出了TRPM8，这是一种在寒冷时能被激活的受体。其他与TRPV1和TRPM8相关的离子通道也陆续被发现，它们能在不同的温度下被激活。

　　研究人员使用经过基因编辑删去上述新发现基因的小鼠，来研究这些通道在热感知中的作用，实验证实，被删除了相关基因的小鼠，对于辣椒素和高温的感知能力都显著下降了，从而进一步证实了TRPV1神经通路的存在。TRPV1的发现是一项重大人类科学发现的突破，它使我们能够了解高温变化如何在神经系统中产生电信号。

　　机械传导是机械力转化为生物信号的过程，在生理学中起着至关重要的作用。在哺乳动物中，胚胎发育、触觉、疼痛、本体感觉、听力、血管张力和血流的调节、肾脏中的流量感应、肺生长和损伤、骨骼和肌肉内稳态以及转移都受机械传导的调节。脊椎动物内耳毛细胞中的机械传递非常迅速，这意味着一个离子通道被直接激活。事实上，各种机械敏感性细胞中都存在钙渗透机械激活（MA）阳离子电流。然而，脊椎动物机械力感知的机理，一直是未解之谜。

帕塔普蒂安教授和他的科研团队首先发现了能够在被微针穿刺时释放电信号的细胞系。他们推测能被机械性外力刺激的受体是离子通道；接下来他们一共筛选出72种编码受体的候选基因；然后挨个对其进行激活，以期找到真正与机械性感受相关的基因。

在大量的试验工作后，帕塔普蒂安教授和同事终于找到了他们的答案：这个基因被沉默时，会使得细胞不再对微针的刺激具备敏感度。一个全新的离子通道被发现了，并被命名为Piezo1，以希腊语中的压力为名。通过与Piezo1的相似性比对，第二个相关基因也被发现了，被命名为Piezo2。感受神经元会表达高水平的Piezo2，而后续的研究进一步证实了两者都是离子通道，可以被细胞膜表面的压力激活。

帕塔普蒂安教授的发现带来了一系列的论文发表工作，他们证明了Piezo2离子通道对触觉感受至关重要。另外，Piezo2对身体姿势和运动的感受也非常关键。在未来的工作中，Piezo1和Piezo2还被证明对生理过程有很大作用，包括血压、呼吸和膀胱控制等。

2021年诺贝尔奖对化妆品行业的启示

关于皮肤的生理特征，我们认为皮肤要亮白、光滑、细腻，但是可能被我们忽视的是，皮肤不仅具有给人看的表面视觉体征，从神经科学的角度来看，皮肤更是人体最大的感受器官。

作为一名奋斗了23年的老兵级护肤配方师，同时作为一名认证心理治疗师，笔者认为在情绪护肤这个方向上，未来还有无限的创新产品可开发。特别是在敏感肌的护理、护肤品的肤感研究这两个方向上，皮肤的神经感受系统的基础科学研究，为我们提供了非常重要的皮肤生理学机理的底层科学支持。

关于敏感肌的皮肤科学研究发现，敏感肌的形成与表皮内神经纤维尤其是参与疼痛、瘙痒和温度感知的纤维有关。皮肤屏障损坏使皮肤神经纤维末梢得不到充分保护，从而更多地暴露在刺激物环境中，引起了皮肤感觉反应增强；另一方面，这些表皮内神经末梢的密度增加可能会促进痛觉超敏。

有研究表明，敏感皮肤神经纤维密度先天性较高或后天性增高的人群会使其比正常皮肤更容易产生灼热、刺痛、瘙痒的感觉，这也是部分人群皮肤屏障功能完整却表现为肌肤敏感的主要原因。

目前实验发现皮肤敏感患者的TRPV1具有更高频率的两种特异性TRVP1基因型，其蛋白表达水平也更高，这表明TRPV1可能在敏感皮肤的发病机制中起重要作用。研究表明TRPV1的激活导致局部皮肤释放神经肽，如P物质（SP），引起钙离子内流增加，激活皮肤中不同类型的细胞，如角质形成细胞、肥大细胞、抗原呈递细胞和靠近感觉神经末梢的T细胞，从而诱导局限性神经源性炎症的发生以及细胞凋亡，损伤皮肤屏障功能，从而加重皮肤敏感症状。

在TRPV1的靶点方向上，从传统的反式4-叔丁基环己醇、乙酰基二肽-1鲸蜡醇，到奇华顿公司的活性物Megassane、亚什兰公司的Infini'tea，到珈凯生物的"悦肤宁"等新技术新原料，已经有越来越多的活性原料被证明可以有效地抑制辣椒素受体（TRPV1离子通道）反应，从而即时缓解皮肤的痛感，缓解敏感肌的痛痒问题。它不仅可以通过舒缓皮肤感觉来改善敏感肌，还可以避免和减少因为皮肤痛痒问题的抓挠行为导致的皮肤屏障二次损坏。

来自RAHN公司的MYRAMAZE®-ESSENCE南非密罗木成分，其独特芳香可以激活我们的嗅觉受体，减少皮质醇的分泌，增加大

脑 α 脑波的比例，放松心情；与此同时，该活性成分可以通过皮肤上的苦味受体，激活角质形成细胞，促进角质细胞的成熟和分化，增强皮肤屏障功能，使得皮肤更加健康饱满；

Sensityl™是瑞士化妆品原料商奇华顿的原料，是一种从三角褐指藻中提取的天然提取物。它通过重新平衡敏感肌肤的微生物群并调控整个炎症过程，为皮肤提供舒缓和镇静作用。根据资料里的临床试验，3%Sensityl™可以抑制导致疼痛、刺痛和瘙痒感的 TRPV1 受体，降低18%。

德国化妆品原料商 BASF 的新原料——Sacred Patch®（水前寺紫菜多糖）：离体实验证明，Sacred Patch®可以抑制93%由金黄色葡萄球菌引起的 IL-8 的表达，同时可以抑制24%由免疫诱导物引起的 IL-8 的表达。Sacred Patch®可以促进催产素 Oxytocin 的释放；临床实验证实，使用含有 Sacred Patch®的产品后，93% 的志愿者可以即刻感受到温柔，90%的志愿者感受到快乐和愉悦等情感反应，显著高于对照组。

AREAUMAT PERPETUA（意大利腊菊提取物）：来自来自法国化妆品原料商 codif，它被 SCI 论文证实可以显著减少皮肤角质形成细胞释放和压力有关的皮质醇，增加释放和愉悦感有关的 β - 内啡肽和多巴胺，并舒缓肌肤、减轻刺痛发红等问题。

随着近年神经生物学科学探索，我们越来越清晰地认识到，情绪不再是单一问题，而是正在深刻影响着我们的身体健康，包括皮肤健康的方方面面。

当我们心情愉悦时，皮下血管扩张，血流更多通向皮肤，使人容光焕发；当我们情绪低落焦虑时，我们体内的儿茶酚胺类物质释放过多，肾上腺素分泌增加，动脉小血管收缩，使供应皮肤的血液骤减，同时上皮细胞合成过多的黑色素沉积在皮肤表面，使我们的皮肤变得灰暗无光泽，脸色变得苍白甚至蜡黄。

消极的情绪状态，会导致皮肤的生理变化，加重症状，影响患者的预后，从而形成恶性循环。对于皮肤病与心理问题的相关性探索一直都没有停止。研究表明，中国酒渣鼻患者中焦虑和抑郁的患病率较高。自述症状较重、疾病负担较高的年轻酒渣鼻患者容易出现焦虑和抑郁。在13个欧洲国家的皮肤科门诊患者中进行的一项横断面多中心研究表明，银屑病、特应性皮炎、手部湿疹和腿部溃疡患者与抑郁和焦虑的相关性最高。

2023年初发表在 *Ann Transl Med* 上的文献研究中分析了各种皮肤病与焦虑的关系，并对皮肤相关焦虑进行了进一步的预测。研究者收集了武汉市皮肤病性病研究所2020年1月至2022年1月214例患者的数据，包括年龄、性别、诊断、汉密尔顿焦虑评分量表（HAMA）和焦虑程度，并采用logistic回归对焦虑的危险因素进行分析和预测。结果表明：皮肤病与焦虑之间存在很强的相关性，焦虑的可能性随着年龄的增长而降低。对皮肤病患者，特别是年轻患者进行心理干预是必不可少的。

皮肤与神经系统在发育上共源于胚胎外胚层，且二者共享几种激素、神经递质和受体（皮质醇、多巴胺、内啡肽、内源性大MA素受体）。这就决定了心理与皮肤在宏观和微观上存在多形式、内在的器质性联系。

皮质醇是由肾上腺分泌的一种荷尔蒙。肾上腺是位于肾脏顶端的内分泌腺体。当人体处于紧张状态的时候，肾上腺为了应对压力，就会分泌皮质醇。皮质醇和战斗或逃跑的反应相关。皮质醇对身体使用葡萄糖（糖）、调节血压和免疫系统功能等各个方面都发挥重要作用。

在外界压力刺激下，人体HPA轴作战系统通过过量释放皮质醇，并通过皮质醇的神经递质作用，引发我们的皮脂腺大量分泌皮脂，造成皮肤出油爆痘，同时由于随之而来的皮肤闭口和炎症问题，也会让我们的皮肤变得更加敏感，皮肤容易泛红脆弱。

研究发现，伴随皮质醇作战系统启动的，还有人体的炎症因子作战系统，在压力应激模式下产生各种各样的炎症因子。这些炎症因子除了让皮肤有个风吹草动就有异状之外，还会放大痘痘问题：平时本该长个小粉刺小闭口，这时却变成了红肿发炎的"大红包"。压力除了会让皮肤出油、长痘之外，还会让现存的皮肤问题更加严重，如牛皮癣（银屑病）、酒槽鼻（玫瑰痤疮）等。

从感官的角度，护肤品不仅可以改善肌肤健康，而且还可以通过美观的质地、舒适的肤感、宜人的香氛等复杂的生理体验，来满足人们对于愉悦、安心、美好的情感需求。在护肤品的肤感研究方向上，我们目前依然停留在感官评估专家小组的感官属性主观指标的感官评估和流变学、触变性的物理化学评估的层面，而对于护肤品在神经生物学方面对皮肤的神经末梢和感受器（鲁菲尼氏小体、梅斯纳氏小体、梅克尔小体、帕西尼小体等）的影响，以及护肤品对于脑神经系统的作用影响，依然缺乏深入的研究和理解。

我们期待着，未来有更多的神经生物学科学知识和检测手段能够被应用于化妆品行业的基础研究，为改善皮肤屏障的健康乃至化妆品的感官影响的科学量化评价提供更多的科研手段和创新灵感！

15

愉悦触觉的神经生物学基础

舒适的肤感触觉体验,
可以满足化妆品用户对于愉悦、安心、美好的情感需求。

　　化妆品不仅可以促进肌肤健康，还可以通过舒适的肤感的生理体验，来满足人们对于愉悦、安心、美好的情感需求。

　　皮肤是我们身体和外界的分界线，一旦外界环境发生变化，皮肤就会相应地产生变化。近10年来，飞速发展的神经科学，不断取得最新的科学新发现。

　　愉快的触觉，在所有哺乳动物中都非常重要。动物们会互相梳洗毛发，对人类而言，触摸同样是至关重要的。愉快的接触，如拥抱或牵手，可以提供积极的情绪激励，减少压力，加强社会联系。触摸是人类抚育婴儿的主要方式，紧紧握住一个身患绝症的老人的手，被认为有一种非常强大的安慰效果。

　　抚触婴儿的皮肤，在欧美医学界被认为是妈妈送给宝宝的一件珍贵礼物。在欧美发达国家，婴儿抚触早已成为妇婴医院为婴儿进行日常护理的一部分，我曾经工作过的美国强生公司的强生婴儿品牌，最近20多年来也在中国不断推广婴儿抚触计划。"强生婴儿"在中国已经建成800多家强生标准抚触室，培训抚触专业医护人员达3万余名，超过800万新生儿受益于"强生婴儿"抚触教育计划。该计划认为，抚触婴儿是一种医疗方法，早期抚触就是在婴儿脑发育的关键期给脑细胞和神经系统以适宜的刺激，促进婴儿神经系统发育，从而促进婴儿生长及智能发育。父母定期对婴儿进行抚触，可以提高宝宝的认知能力，改进宝宝的警觉性与注意力，增加身体机能和提升整体运动能力。

科学研究表明，处于恋爱期的恋人之间20秒的亲密拥抱，能够有效降低血压和心率，减缓压力和焦虑。日本花王神经美容学的科学家们的研究也发现，"手按"或用手掌轻轻触摸面部皮肤的愉悦触感会激发积极情绪，还可以改善皮肤外观。

在上一篇文章，我们曾经为大家解读了2021年的诺贝尔生理学或医学奖，对神经系统如何处理疼痛和瘙痒等不愉快感觉的神经生物学基础做了解读，然而在痛觉之外，我们对于愉快的触摸的神经生理学知之甚少。愉快的触觉感觉是如何传递到大脑的呢？

2022年4月，一项发表于国际顶尖学术期刊《科学》上的研究，为我们揭示了PROK2-PROKR2神经通路在愉快性触觉传导中的重要作用，当这一通路存在缺陷时，小鼠不再从鼠鼠接触中获得快乐，变得社恐，甚至表现出异常的焦虑反应。该研究由美国圣路易斯华盛顿大学的华裔学者陈宙锋教授作为通讯作者，上海复旦大学刘本龙博士和中国中医科学院针灸研究所的乔丽娜博士、刘坤博士为共同第一作者。

要在小鼠身上进行愉快性触觉的研究，首先要克服的问题就是模拟可能使小鼠产生愉快感的触觉，研究人员利用软毛刷轻柔地抚触小鼠，小鼠从一开始抱头鼠窜到逐渐适应来自人类的温柔"贴贴"。经过一段时间后进行测试，面对两个相通的饲养笼，小鼠更愿意进入有软毛刷轻柔抚触的那一个。不仅如此，接受软毛刷抚触的小鼠，产生了和人类"愉快性触觉"类似的生理指标变化——心率下降、血压降低，对温度升高产生痛感的耐受程度增加，血浆皮质醇浓度降低。相比之下，缺少PROKR2的小鼠并没有表现出愉快触摸引起的压力降低。这说明软毛刷抚触确实能使小鼠产生愉悦感，使得小鼠更偏向进入有软毛刷的饲养笼里。

研究人员对PROK2-PROKR2信号通路的研究表明，当小鼠受到软毛刷抚触刺激时，脊髓的PROKR2神经元放电活动最为活跃，特别是当软毛刷移动的速度在18～22cm/s时，太快（37～45cm/s）或太慢（2～3cm/s）都会使放电频率下降，和人类C纤维"倒U形"的放电模式很像。

特异性清除小鼠脊髓的PROKR2神经元（ABL小鼠）或敲除小鼠背根神经节神经元的PROK2基因（PROK2 CKO小鼠）后，两种小鼠不再偏向于进入有软毛刷的饲养笼内，软毛刷抚触对小鼠心率和痛感耐受程度产生的影响也消失了，证明PROK2-PROKR2信号通路在愉快性触觉传导过程中不可或缺，这一通路缺陷将导致愉快性触觉丧失。

愉快性触觉丧失后，ABL小鼠和PROK2 CKO小鼠都表现出了社交障碍，当有新的小伙伴出现时，野生型小鼠会和陌生小鼠打招呼、串串门，ABL小鼠和PROK2 CKO小鼠则表现得十分冷漠，不愿意和陌生小鼠有过多交流。

在野生型小鼠相互"贴贴"时，ABL小鼠和PROK2 CKO小鼠都表示拒绝成为"舔鼠"，如果说野生型小鼠偶尔还会为ABL小鼠和PROK2 CKO小鼠舔毛，后者则一副无动于衷的样子，也从来不会"回舔"。

和成年后才清除脊髓中PROKR2神经元的ABL小鼠不同，PROK2 CKO小鼠一出生就有PROK2缺陷。或许从幼年时期开始就缺失社交接触，成年后的PROK2 CKO小鼠表现出了异常的焦虑反应，具体表现为在空旷的中间区域的时间减少，明暗箱中在明箱时间减少，高架迷宫开放臂时间减少，而小时候正常成长，长大后才遭逢大变的ABL小鼠就没有这种焦虑反应。

PROK2 CKO小鼠成年后的焦虑症状证明了：早期社交接触的缺失会影响成年后面对压力事件时的反应。上述研究发现，缺乏PROK2或表达其受体的脊髓神经回路（PROKR2）的小鼠会主动回避梳洗等社交抚触活动，并表现出正常小鼠未出现的应激症状。研究人员还发现，与成年期愉快触摸反应受阻的小鼠相比，出生时缺乏愉快触摸感觉的小鼠具有更严重的应激反应，并表现出更大的社交回避行为。

科学研究已经证实，化妆品不仅可以促进肌肤健康，还可以通过舒适的肤感的生理体验，来满足人们对于愉悦、安心、美好的情感需求。在化妆品的肤感研究方向上，我们化妆品行业目前依然停留在感官评估的心理测量学的研究水平上，对于在神经生物学方面化妆品对神经系统作用的影响，依然缺乏深入的研究和理解。上述研究进一步证实了愉快性触觉的产生对于哺乳动物是如此重要，通过研究确定愉快性触觉产生的信号通路，必将进一步加深我们对化妆品使用过程中愉悦肤感的产生机制的理解，从而帮助我们从一个全新的神经生物学的角度和高度来设计和研发新一代的护肤品及彩妆产品。

16

人体衰老的科学密码

饮食热量限制，是最有效和最可重复的抗衰老方式之一。

　　未来的医学新技术可以将干细胞重新注射进你的体内，用于需要快速愈合和再生的任何组织，实现老化器官的再生与更新。

　　老而不衰是人类共同的奢侈愿望！在古代，皇帝们为了长寿寻仙问药、修仙练道，然而他们还是没办法逆天。那么，我们是不是真的永远不可能永葆青春？现代科学家和古人一样，对生老病死这一规律的思索从未停止，延迟衰老或者老年疾病的努力也在持续。虽然没有做出"长生不老药"，但是大大小小的发现还是很多的。在介绍皮肤衰老的知识之前，让我们从宏观上了解一下人体的衰老。

　　对于衰老的定义，在生物学名著《衰老生物学》(*Biology of Aging*) 中，作者认为："衰老是由时间推移，以及与环境相互作用而引起的分子、细胞和机体结构与功能的随机改变，衰老增加死亡的可能性。"该定义中有3个重要信息，衰老必须受到时间推移和环境作用，衰老的特点是具有随机性，因此，世界上每个生命的衰老都是独一无二的。

　　我们人类的一生，可以用发育、成熟、衰老三个阶段进行描述：发育阶段（0～20岁），这个阶段发生的功能变化常是积极的，对生物活性分子、细胞和器官而言，发育在它们达到最佳功能的时间点结束，很多生物此时的机体最适合繁殖；成熟阶段（20～60岁），这个阶段是功能保持在最佳状态或者缓慢下降的阶段；衰老或后繁殖期（60岁以后），衰老过程通常表现为活力和功能的下降，死亡是衰老的结束。

衰老的起源

从一百多年前开始，科学家们探索衰老出现的原因，有以下四种理论：

1. 基因理论

衰老的基因调控理论提出：衰老是由基因表达的变化引起的。虽然，很明显，许多基因随着年龄的增长表现出表达的变化，但这种变化不太可能直接作用于促进衰老的基因；相反，寿命受到促进长寿的基因选择的影响相对较大。衰老研究表明，基因表达可以调节寿命。了解自然如何通过基因表达的变化延缓衰老，可以揭示衰老本身的过程，并为发展缓慢衰老的研究提供一个起点。

在对人类百岁老人及其亲属的研究中，研究人员发现了促进寿命达到较长年龄的能力的一项重要遗传因素。在一项研究中，百岁老人的兄弟姐妹的死亡率平均显示为美国人群平均死亡率的一半。这种持续的终身死亡率降低意味着，这种影响是遗传而非环境或社会经济因素造成的。最近的关于长寿基因点位的研究也支持这样的观点，也就是说，长寿基因可能是存在的。

2. 端粒理论

端粒是染色体末端的DNA序列。对端粒随年龄缩短的观察结果让研究人员们推测，端粒长度能够调节体内细胞的复制寿命并进一步延缓衰老。实验显示，缺乏端粒酶的小鼠不会快速老化；有一些科研证据也表明，端粒的增长可能有助于延缓正常的人体衰老。

3. 自由基理论

1957年自由基理论被首次提出。所有生物都生活在含有自由基的活性氧（ROS）的环境中；线粒体呼吸是所有真核生物中的能量产生的基础，它通过从电子传递链中递送中间体而产生ROS。自由基理论认为，自由基的反应性是生物学中固有的，并导致累积损伤和衰竭。事实上，在老化的生物体中，已经发现被氧化剂损伤的DNA和蛋白质水平升高。尽管氧化损伤很明显随着老化而累积，但尚不清楚这一过程是否可能导致所有生物体的老化。

4. 热量限制理论

有研究发现，热量限制是最有效和最可重复的环境变量，能够延长各种动物的寿命。这种简单的干预是通过限制饮食热量，也就是吃七分饱来实现的。热量限制可能通过代谢重编程促进长寿，转录转换（可能由胰岛素引起）减少能量代谢，增加蛋白质的生物合成和转换，从而延缓新陈代谢和人体衰老。

怎样延缓衰老？

可以从三个层面来延缓衰老：

第一层面最简单，是其他三个层面的基础，即日常饮食和生活方式的选择。关注你的饮食和生活习惯选择，多做对修复你的身体有帮助的事，少做对身体有害的事。例如吃营养丰富的食物，尽可能靠近源头的新鲜食物。多留意植物性食品，多摄取蛋白质，避免加工糖和食物。

运动对身体和大脑发挥最佳功能至关重要。因此当你休息时，外出散步吧，在一周内进行一些艰苦的锻炼，高强度间断性训练与负重训练交替将给你带来理想的结果。

睡眠是新的信息在你大脑中固定下来的时候，也是身体从一天的压力和工作中恢复活力的时候。压力实际上会"杀"了你，它是荷尔蒙失调和发炎的根源，会严重破坏组织。因此尝试用冥想或数以百计的其他方式来减轻生活压力。

第二层面是正确地使用补剂和学习身体如何运行。选择补品时研究和了解所要购买的公司是很有必要的。产品质量尤为重要。当使用补品的时候，你还要了解一些生物化学知识，才能准确掌握这些东西的工作原理。

当前补品届的重量级选手是白藜芦醇、二甲双胍以及 NMN。

白藜芦醇是在红酒中发现的抗氧化物，曾风靡一时。不过，这种物质真正重要的功效，是它对基因的修饰能力。白藜芦醇与维持和修复 DNA 的 sirtuins 基因共同作用，可以使细胞长期保持健康状态。

二甲双胍是治疗糖尿病患者的处方药，对胰岛素的改善和葡萄糖的控制很有好处。除此之外，它在降低患心血管疾病和阿尔茨海默病的风险、减轻系统性炎症和减少其他衰老标志方面的作用也令人印象深刻。它是处方药，因此使用它前，你要得到医生的同意。

NAD 前体是人体内的一种物质，它是产生能量所必须的。年轻的时候我们有很多 NAD，但随着我们衰老，NAD 产量减少。这就是为什么孩子能跑几个小时而大多数成年人却不能。NAD 分子太大了，我们无法消化，但我们可以采取一些措施刺激它在体内更多地产生。烟酰胺单核苷酸（NMN）是目前临床上已显示可增加NAD并减少衰老标记的有效药物。

第三层面是干细胞。干细胞从自身组织中培养而来，可以变为身体需要的任何组织。由于它们从细胞中被改造而来，因此未来的医学新技术可以将干细胞重新注射到体内，用于需要快速愈合和再生的任何组织，实现老化器官的再生与更新。

以上就是关于人体衰老的知识，希望这些内容能帮助你青春常在！

17

皮肤衰老的科学密码

皮肤衰老的本质，是一种视觉焦虑。

皮肤的衰老，与皮肤代谢和光老化都有着十分密切的关系。为了预防皮肤衰老，我们必须高度重视皮肤的保湿和防晒。

随着年龄的增长和机体的衰老，皮肤会出现各种老化的表现。皮肤的老化在外观上表现为皮肤粗糙、出现皱纹、色素沉积以及松弛等，此外皮肤的各项生理指标，例如水分含量、经表皮水分流失率、皮肤色度、皮肤弹性光泽度、油脂分泌量等理化指标也会出现变化，因此，皮肤的生理指标可以作为评定皮肤衰老速度及老化程度的可靠依据。

以下我将主要从衰老的基本特征、衰老与年龄的关系、衰老与皮肤弹性的关系、衰老与皮肤光泽的关系四个方面来为大家介绍皮肤衰老的知识。

衰老的基本特征

皱纹是皮肤衰老的重要表征，皱纹与皮肤衰老关系非常密切。皱纹的产生主要是皮肤自然老化与光老化的结果，自然老化会造成皮肤表面细小皱纹的产生，其中角质层的功能低下是细小皱纹产生的主要原因。

而光老化使皱纹加深，同时皮肤中的光敏物质吸收紫外线后会产生氧自由基，氧自由基会对蛋白质、DNA以及细胞膜的脂质造成氧化性损伤，也可作为第二信使来调节基因表达，从而加速皱纹的形成。

皱纹的产生，从组织学角度来分析，与表皮真皮和皮下组织的变化有关，表皮细胞随年龄的增长逐渐衰退，表皮会变薄。表皮与真皮之间的基底膜因为长时间受紫外线照射而受损，真皮中的胶原蛋白纤维构造紊乱、弹性蛋白变性，导致皮肤弹性降低，形成皱纹。

皱纹按照产生的机理可以分为动态型、静态型和重力型皱纹。动态型皱纹是指面部表情肌的肌肉收缩牵动而出现的皱纹，包括川字纹、鱼尾纹，抬头纹等。动态型皱纹并不是永久性的，在30岁以后，随着年龄的增长，动态型皱纹会逐渐发展成为静态型皱纹。静态型皱纹是指面部在无任何表情时可直接观察到的较明显的细小皱纹，大约在30岁以后会日趋明显。重力型皱纹主要是由于衰老而造成皮下组织萎缩，或者因长期肌肉收缩牵拉而造成皮肤失去弹性从而出现的皱纹，例如法令纹、嘴角纹及颈纹。重力型皱纹相对于动态型皱纹出现时间较晚，多在40岁以后出现在肌肉较多和骨骼突出处，在面部的部分区域，重力型皱纹会与动态型、静态型皱纹相融合，并且使皱纹的深度增加。

衰老与年龄的关系

科学研究表明，随着年龄的增长，女性的皮肤衰老会呈现上升的趋势。女性体内雌激素分泌呈下降趋势，并且在绝经后达到最低水平。最近的科学研究结果表明，年龄越大，雌激素水平下降越明显，越容易产生皱纹。年龄增长与绝经是面部出现皱纹的重要因素。

研究表明，皱纹及色斑是中国女性面部皮肤老化的重要特征，而雌激素的分泌水平降低是显著高于其他影响因素的关键因素。

衰老与皮肤弹性的关系

年轻的皮肤细腻且富有弹性，但随着时间的流逝，皮肤逐渐衰老。皮肤的老化主要发生在真皮层，皮肤因为自由基和过氧化作用导致胶原表面形成AGE终末糖化产物而过度交联，正常的半桥粒结构丧失弹性，表皮与真皮的连接层变得平坦，从而皮肤松弛且失去弹性，最终导致皱纹的形成。

此外，皮肤胶原纤维弹力纤维和透明质酸的含量，也是评价皮肤衰老的重要指标。与皮肤的弹性相关的胶原纤维是皮肤中含量最为丰富的蛋白质，其体积约占真皮的18%～30%，质量约占真皮的75%，是皮肤中最重要的结构蛋白。

皮肤在幼年时期较薄，含水量较多，因此单位面积皮肤的胶原蛋白含量相对较少，随着年龄增长，皮肤增厚，皮肤胶原蛋白逐渐增多，但在30岁以后，由于真皮层纤维细胞数量减少并且活力下降，胶原的分泌减少，最终会导致皮肤松弛，甚至出现色斑和皱纹。有研究发现，弹性纤维会因为紫外线照射而发生日光变性，最终失去正常功能。透明质酸是维持皮肤弹性与稳定性的重要细胞外基质，它有极强的吸水能力，但是紫外线照射会引起透明质酸反应集聚，皮肤的水合能力下降，皮肤组织细胞出现老化皱缩等形态学变化。

衰老与皮肤光泽的关系

年轻肌肤呈现光滑且富有光泽的状态，其皮肤角质层的水分含量、油脂分泌水平都高于衰老的肌肤。随着光老化对皮肤造成的损伤加深，皮肤会出现色素沉着并形成日晒斑点，带有黑色素的角质细胞休眠会导致代谢能力降低，皮肤会出现肤色黯淡无光、肤色不均的情况。

皮肤由表皮真皮以及皮下组织构成，各层组织都有相应的水分含量范围，当皮肤暴露在大气环境中，皮肤即可由体内向大气中蒸发水分，也可从外界吸收水分，皮肤最外面的角质层一般的含水量应不低于10%，含水量为10%～20%的皮肤会呈现柔润、光滑、弹性的状态。

而含水量低于10%的状态下，皮肤的角质层会因为过度干燥而出现脱屑、掉皮。相对于年轻人，老年人的皮肤角质层水合能力会下降25%以上。角质层含水量对减少皱纹的产生有重要意义，角质层中的天然保湿因子含量会随着年龄的增长而逐渐减少，因此随着年龄增长，皮肤的水合能力也会下降，从而导致组织细胞发生皱缩老化等组织形态学变化，最终使皮肤出现细小的皱纹。

青年人体内激素水平稳定，代谢正常，皮脂腺的油脂分泌旺盛，皮肤因此呈现润泽光滑的状态。对面部皱纹与皮肤结构之间关系的科学研究发现，维持皮脂腺密度是防止皱纹加深的多种因素之一。

皮脂腺是附属于皮肤的重要腺体，可以分泌油脂皮脂，有润泽皮肤与毛发的作用，可以和汗液形成"十字绣"来保持角质层的滋润，抑制角质层水分的挥发，防止皮肤水分散发。但是在35岁以后，皮脂分泌量会逐渐减少，并且随着年龄的增长与机体的衰老，大的皮脂腺萎缩，较小的皮脂腺逐渐消失，皮肤因此会呈现出粗糙、干燥、缺乏光泽的情况。

综上所述，皮肤的衰老，与皮肤代谢和光老化都有着十分密切的关系。为了预防皮肤衰老，我们必须高度重视皮肤的保湿和防晒。

18

肤色迷局：到底是什么影响了你的肤色？

在消除肤色的歧视的过程中，没有人是旁观者。

雅布隆斯基从皮肤色素沉着的生物学原理和进化开始解释随着人类在全球范围内的迁移，肤色是如何变化的。她还研究了以深色皮肤为特征的种族负面刻板印象是如何形成并在历史中发挥作用的。

我们的皮肤，是我们与自然环境和外界社群分隔的界面。而我们的肤色，则可能深刻影响着我们的社会地位。

长期以来，肤色都在展示着人类的演化史。过去150年，人类对于白皙皮肤的偏爱尤为突出，最重要的原因是肤色较浅的人与积极的社会信息以及较高的社会地位相关。

2019年第91届奥斯卡金像奖中，电影《绿皮书》获得了最佳影片奖。在此获奖影片中，黑人音乐家花钱雇佣白人打手做司机进行美国巡演，一路上因为主人公的肤色而受到的歧视，被展现在黑色幽默的电影镜头的每一个细节中。

而在中日韩东亚文化体系，"白富美"的传统价值观中，白皙的肤色是排在第一位的。深色的皮肤被认为属于阳光下劳作的阶层，而白皙的肤色则是上流社会的象征。

近几十年以来，国际化妆品集团在全球范围内对皮肤美白产品进行大肆营销，打造了数千亿美金规模的防晒与美白产品的全球化市场。在他们的广告里，浅肤色的人比深肤色的人更幸福、更成功，这样的影像得以广泛传播，让肤色与人的本身的价值之间牢不可破的连接得到了进一步的加强。

那么，人与人之间的肤色差异是如何产生的？肤色差异给我们的命运带来了怎样的影响？人类学家尼娜·雅布隆斯基在她的TED演讲视频中，介绍了关于误解人类肤色的科学解读。

尼娜·雅布隆斯基是我唯一亲眼见过的人类学家。我在欧莱雅工作期间，她在欧莱雅全球肤色研究组担任皮肤生物学和社会学领域的科学顾问。她是美国宾夕法尼亚州立大学的人类学教授，她的研究横跨人类学的各个领域，特别是生物体与环境之间的关系。皮肤是生物与外在环境之间的媒介，因此皮肤成为了她研究的重要主题。

除了她的著名的TED演讲之外，2021年9月三联书店还出版了她的科普著作《肤色的迷局——生物机制健康影响与社会后果》的中文版。

这本书是第一本描述从史前到现代社会的关于人类肤色社会史的人类学书籍，它展示了我们人类身体最明显的视觉特征——皮肤，是如何以深刻而复杂的方式影响着我们的社会交往的。

在该书中，雅布隆斯基从皮肤色素沉着的生物学原理和进化开始解释随着人类在全球范围内的迁移，肤色是如何变化的。她还研究了以深色皮肤为特征的种族负面刻板印象是如何形成并在历史中发挥作用的。

肤色深，对于人的健康和社会经济的地位都会有负面的影响，这种负面影响会被物理上的边缘进一步放大，使黑人无法享受更好的食物、教育和医疗条件，还要承受持续的社会歧视所带来的压力。

在消除肤色歧视的过程中，没有人是旁观者，我们都深陷其中。

19

皮肤菌群与人体健康的关系

皮肤表面拥有庞大而复杂的微生物生态系统,
它们与免疫系统相互作用,共同调节着皮肤的健康。

　　活的益生菌是能够在化妆品中发挥作用的，虽然我们目前仍然以灭活的益生菌为化妆品添加剂。

　　皮肤表面拥有庞大而复杂的微生物生态系统，它们与免疫系统相互作用，共同调节皮肤的健康。人体皮肤结构的复杂性，造就了微生物组的多样性。

　　皮肤平均每小时脱落2亿个细胞，每天脱落近50亿个细胞，皮肤上常见的微生物数量大约为每平方厘米10万个。

　　不同类型的皮肤微生物组也不一样，油性皮肤与干性皮肤、面部皮肤与足部皮肤等不同类型、不同部位的皮肤，都拥有着多样化的微生物生态系统。如果我们"春风得意马蹄疾"般地去探索皮肤微生物组，我们能够"一日看尽长安花"般地看到关于皮肤微生物组的最前沿科学进展的全貌吗？

　　答案是：我们可以做到"一日看尽长安花"，了解皮肤菌群前沿科学进展的全貌！

　　因为2020年12月，国际顶尖学术期刊《自然》发表了关于"皮肤微生物组与人体的关系"的系列综述文章，并且用一张图，为我们揭开了皮肤微生物组最新科学进展的完整画卷。

　　人体微生物组作为一个前沿领域，对它的研究大多数还停留在实验室阶段，少数的临床应用也处于早期的临床测试阶段。但这些研究已经让我们看到了调节微生物组带来的巨大科学潜力和产业价值。

自从2009年美国首先启动"人类微生物组计划"国家战略以来，国际科学界在肠道微生物组和皮肤微生物组的研究上都取得了丰硕的成果。

《自然》杂志的最新系列综述文章已经展示了皮肤微生态技术发展的全貌和巨大前景，具有里程碑式的意义。雅诗兰黛、欧莱雅、迪奥等国际知名化妆品公司，都已经开始布局微生态美容护肤。

近些年来，也有多家微生物组公司获得巨额融资。2020年9月，Finch Therapeutics完成9000万美元D轮融资；10月，Vedanta Biosciences公司获得了7600万美元投资，同月Azitra公司获得拜耳领投的1700万美元B轮融资；11月皮肤微生物组公司DERMALA完成673万美元融资。2021年2月，中国企业"蓝晶微生物"也完成了近2亿元人民币的B轮融资。

理论上来说，活的益生菌是能够在化妆品中发挥作用的，虽然我们目前依然使用灭活的益生菌作为化妆品添加剂。

因此，从皮肤外用产品的角度，未来我们完全有可能同样通过直接添加益生菌活体添加剂，来增强皮肤防御能力，改善皮肤健康，进而推动新技术的发展。我们充满信心，拭目以待！

20

护肤品背后的科学密码

对现代女性来说,
外在美与内在美都是人生中的重要话题。

采用科学合理的护肤方法，为自己的美丽勤快点，那么美丽其实就在你的身边！护肤品的科学密码，不仅是为了实现"女为悦己者容"，更重要的是为了帮助所有女性收获真正的幸福和由内而外的美丽。

对于每一位现代女性来说，无论她从事什么职业，本质上都是三种资源的相互转化，都是将身体资源（体力、精力），转化为心智资源（知识、经验和智慧），然后再将心智资源转化为社会资源（财富、地位、自我实现等）的过程。

对女性来说，身体资源是职业生涯成就中最重要的资源基础！如果我们希望有所成就，就应该珍视对身体资源的保养、维护。更为重要的是，我们的身体健康状况会直接反映在皮肤状态上，如果不重视对身体健康的保养，我们的皮肤也会出现各种各样的问题。

今天，女孩子们的成长速度快于过去任何时期。统计数据表明，当代女性青春期开始的年龄比30年前平均提早了2年，女性这种成熟程度的加快也触发了皮肤的加速老化，城市生活中无法回避的光污染、光辐射以及空气污染，也会加速现代女性皮肤的代谢和肌肤老化，因此我们应该更加重视皮肤的保养问题。

古希腊的一位哲学家泰勒斯曾说过：水生万物，万物复归于水，水是万物的本原，生物的活力都来自水分并靠它维持生命。现代科学已经证明，泰勒斯的说法是完全正确的。在一个人生命周期的不同阶段，皮肤的含水量一直会保持在60%～90%的高水平，皮肤柔嫩细滑的婴幼儿皮肤含水量可以达到90%以上，而百岁老人皮肤的含水量则大多数降至70％以下。皮肤含水量越高，就越健康；而皮肤越健康，皮肤自身的锁水能力就越强。作为人体中面积最大的器官，根据个人形体身材的差异，皮肤的表面积在1.5～2.5平方米之间不等。因此皮肤需要每日大量补水，水分与皮肤的关系，正是一种唇亡齿寒的相互支撑的关系。

当代女性肌肤面临的另一个严重挑战是光老化。光老化是皮肤长期受到日光照射所引起的损害，表现为皮肤暗沉、粗糙、增厚、松弛、出现深而粗的皱纹，在最严重的情况下，甚至会导致皮肤癌。阳光中的紫外线按波长不同，可以分作UVA区、UVB区等。UVB区是中波紫外线，约占紫外光能量的80％～90％，UVB虽然不能穿透真皮层，但是UVB可以使皮肤出现晒黑、红斑、脱皮等现象。UVB可以被玻璃、遮阳伞和衣服阻隔。而UVA区是长波紫外线，仅占紫外光能量的10％～20％，但是它能穿透皮肤真皮层，导致胶原蛋白受损，是令皮肤提前衰老、引起皮肤光老化的主要原因，UVA这种光损伤具有累积性，故被称为"年龄紫外线"，玻璃、遮阳伞无法完全阻挡UVA紫外线对皮肤的伤害，并且这种光损害在阴雨天也同样存在。

保湿和防晒如此重要，可是我依然对现代女性护肤的保湿和防晒方式忧心忡忡。由于海淘和微商护肤品的不断面市以及社交媒体的迅猛发展，现代女性开始越来越期待护肤品带来更快、更强的功效，出现了盲目选择刷酸护肤品、原料桶般的高浓度原液护肤品、追求医美级护肤功效的普遍的非理性的社会现象。现代女性可能已经忽视了最基础的保湿和防晒护肤，而且还因为高浓度强功效护肤品带来的副作用而出现了"化妆品皮肤病"等各种严重的皮肤问题。

我心存担忧的是，现代女性在社交媒体上看到、听到和读到的关于护肤的海量信息大多数都是不完整、片面甚至错误的。如果依据这些带有强烈商业目的且真假难辨的"带货科普"的误导信息，而错误地决定在自己的皮肤上使用或者不使用哪些护肤产品，那么不仅不会帮助皮肤达到最佳状态，而且还可能因为护肤品使用不当而伤害皮肤，自己花钱来折磨自己甚至伤害自己。

我希望尝试为你揭示护肤品配方的真正的科学密码，以最新的权威科学文献为基础，帮你穿越真假难辨的护肤品宣传的迷雾，去探索护肤品背后的科学真相；我希望能帮助爱美的你更好地了解自己的皮肤状态与皮肤问题，帮助你以更强的判断力科学选择护肤品，从而不断提升生命的幸福感与满足感。

广大女性如果按照科学合理的护肤方法，为自己的美丽勤快点，那么美丽其实就在你的身边！护肤品的科学密码，不仅是为了实现"女为悦己者容"，更重要的是为了帮助所有女性收获真正的幸福和由内而外的美丽。

以下我们先来讲一讲肌肤的日常护肤方法。

在秋冬季节，干燥的空气和巨大的昼夜温差，会加速皮肤的代谢和肌肤水分的流失，从而导致肌肤出现细纹、干裂，甚至大量脱皮屑等症状，为避免这些问题的发生，在日常生活中，我们都要适当多喝水，在保湿护肤品选用上更要格外用心。应该如何选择保湿产品，以下我会更具体说明。

席勒说，正是因为美，人们才可以走到自由。从女汉子变身为美丽女神，所有的女生都要做好补水与防晒两大功课。以下为大家介绍日常护肤的5大步骤及对应产品举例。

特别说明：以下提到产品实例仅仅为了客观介绍市面上比较典

型的代表产品，不代表它们比其他同类产品更优质，也不代表它们适合所有肤质，更不涉及任何商业利益。大家可以自行判断，根据自身喜好和肤质选择最适合自己的产品。特别是肌肤敏感的女生，选择任何护肤产品都应该考虑在手臂内侧先进行一周左右的皮试，皮肤无异常后方可正常使用。

另外，以下护肤5大步骤仅仅包括女性皮肤基础护理的常规步骤。不同肤质、不同护肤诉求、不同产品使用习惯的女生当然可以有更多更加个性化的独特解决方案。

第1步：皮肤清洁

清晨醒来，女生们需要洗好脸才能告别倦容与满脸惺忪。皮肤缺水时，日常居家女生可以选用氨基酸类的保湿洁面乳，而对于户外旅行的女生，强生婴儿护肤湿巾、贝亲婴儿柔湿巾、NUK特柔婴儿湿巾等婴儿湿巾类产品则是户外旅行清洁的"不二神器"。

知名品牌的婴儿湿巾产品所用的无纺布和清洁原液都是非常温和的材料，通常不含香精和色素成分，更没有荧光增白剂。在户外旅行过程中，水分经皮肤流失速度快，皮肤干燥后会变得非常敏感，配方、材质温和的婴儿湿巾类产品自然就变成了户外旅行晨起洁面的首选利器。

第2步：基础保湿

补水保湿是晨间护肤的基本功。除了注意多喝水之外，我认为在早晨洁面之后，适当使用保湿霜产品也是必须的。所有大品牌几乎都有基础保湿系列可供选择。大牌保湿面霜配方中选用的多重分子量的透明质酸、甘油葡糖苷、糖类同分异构体等保湿成分，与美丽女性天然皮脂中的皮肤自身合成的天然保湿因子成分类似，因此与女生们的皮肤相容度好，持久保湿且不会伤害天然肌肤。

第3步：防晒保护

日常通勤或户外旅行，物理防晒依然是防晒基本功中最重要的一招。建议女生们在白天外出时穿着防晒衣、佩戴防晒帽和墨镜，因为在户外烈日下，将自己的皮肤全方面保护起来是必须的准备。

此外无论皮肤黑白，都需要使用防晒产品。在防晒效果方面，防晒产品的SPF值是针对UVB，防止晒黑的；防晒产品的PA值是针对UVA，防止晒老的，因此，全方位的防晒需要选择同时具有SPF和PA值的防晒产品。

比较典型的专业防晒产品例如资生堂安耐晒防水防晒霜金瓶（SPF50+/PA++++），以及新碧户外冰凉防晒乳液（SPF30+/PA+++），防晒效果好而且清爽不油腻。

在使用防晒产品时还要特别注意除了面部之外，脖子、耳后、手臂等所有可能暴露在阳光直射下的部位都需要涂抹防晒霜，而且防晒产品在皮肤上要仔细均匀涂抹开来，在皮肤表面形成一层均匀的防晒反射保护膜，减少紫外线在皮肤表面的衍射损伤，才能达到最好的防晒效果。

第4步：晒后修复

女生们在夏日晚上回到家里，经历了白天高低温变化、干燥空气和阳光暴晒三重严酷考验的皮肤如同经过沙漠拉力赛考验的越野赛车一样，可能出现晒后泛红、灼伤甚至脱皮的现象，因此特别需要休息恢复和深度保养。

晒后皮肤保养的第一步是对晒后受损皮肤的深度修护，一般可选用经典的芦荟胶产品。例如，美国Coppertone水宝宝晒后修护芦荟胶，该产品不含酒精，适合干性及敏感性肌肤的女性使用。以及美国Banana Boat香蕉船晒后修复芦荟胶，香蕉船的产品添加有少量食用酒精，因此肤感更清爽，更加适合油性及混合性皮肤的女性使用。

第5步：睡前护理

当你晚上钻进被窝的时候，随着气温降低，空气相对湿度也会降至最低，而且更加干燥。这个时候，建议女生们充分利用临睡前的半小时做一个深度的保湿护理，可以选用正规知名品牌的深度补水保湿的夜间护理产品。

在睡前认真敷一次保湿晚霜，可以利用渗透泵原理完成密集补水护理，快速缓解皮肤干燥状态，让肌肤获得更温润的呵护体验，完成温润之旅的最后一步，让女生们的肌肤保持水嫩润泽，傲视严酷气候变化的考验！

我期待着未来与大家深入互动，交流皮肤科学护理的知识，期待着爱美的你拥有更加水嫩、润泽、靓丽、俏美的肌肤，成为幸福悦己、傲视一切命运挑战的美丽多面体！

21

敏感肌的科学护理密码

清洁　　　　　　保湿　　　　　　防晒

合理护肤要遵循温和清洁、舒缓保湿、严格防晒的三大原则。

敏感肌受到物理、化学、精神等刺激后皮肤会出现不同程度的灼热、刺痛、瘙痒及紧绷感等症状，可能会出现干燥、皮屑、片状或弥漫性潮红、红斑、毛细血管扩张等情况，可能持续数分钟甚至数小时，常常不能耐受普通护肤品。

皮肤作为人体最大的器官，公认的作用是防御，它有一套复杂的防御体系，不仅有物理性屏障，还有皮肤内的免疫系统和神经系统，以及皮肤表面的微生态层，帮助我们抵御外来入侵，让身体不受外界影响。如果我们的皮肤防御系统被破坏，就会出现敏感肌的问题。

敏感肤是指皮肤在生理或病理条件下发生的一种高反应状态，主要发生于面部，临床表现为受到物理、化学、精神等因素刺激时皮肤易出现灼热、刺痛、瘙痒及紧绷感等主观症状，伴或不伴红斑、鳞屑、毛细血管扩张等客观体征。敏感性皮肤在中国的发生率约为36.1%。随着环境污染日益加重和精神压力增加等，其发生率逐渐升高，越来越受到人们的重视。

敏感肌的主要类型

1. 屏障受损型（先天＋后天因素）

屏障受损造成的敏感肌很多，所有伤害角质层和皮脂膜的行为，都可能是损伤屏障的因素，包括用过热的水洗脸、洗澡，日常使用高浓度果酸产品，频繁磨砂去角质，频繁卸妆，清洁过度，等等。

2. 炎症型（后天因素为主）

炎症型的敏感肌肤，除了屏障损伤问题，还多了一个长期的慢性炎症。比如一直处于痘痘时期的皮肤，炎症因子水平高，是很容易存在敏感现象的，这时候对产品的接受范围更窄，甚至可能不耐受屏障修复产品，因此应以舒缓为主。

3. 过度反应型（先天因素为主）

这种就是所谓的"天生的敏感肌"。这种皮肤本身是健康的，没有屏障和炎症问题，一旦处于某种环境，或者用了某些产品，就会有别人难以体会的"突如其来的痒"和"莫名其妙的痛"。其实这种构造是对皮肤的天生保护，会让人不容易接触不耐受的物质，不处于不良的环境，免受真的"烂脸"之苦。但是免疫亢进和神经末梢的伸长，也让人更容易"敏感"。

敏感肌发生的机制

1. 物理屏障

作为第一道防线的角质层，"砖浆模型"如今已经深入人心。这里的"砖块"是已经完成生命周期的角质细胞（没有细胞核的角蛋白壳），在这些砖块之间，是链接角质细胞的蛋白质和细胞间脂质。细胞间脂质同时是保湿的主力，主要由神经酰胺、胆甾醇和脂肪酸等组成，形成致密的双分子膜，把细胞间的水分包在一个个泡泡里面。如果皮肤角质层的屏障功能受损，就很容易引起皮肤敏感。

2. 免疫系统

通常来说，当第一道防线失守时，皮肤免疫系统会做出反应。角质层屏障功能减弱的第一个标志是缺水，这就已经够糟糕了，因为皮肤缺水本身就会带来瘙痒。而角质层缺水和外来物质都会刺激皮肤角质层屏障之下的皮肤免疫系统，皮肤的肥大细胞分泌的组胺和类胰蛋白酶都是会引发瘙痒和炎症的因素。

3. 神经系统

至此，敏感肌的连锁反应已经如多米诺骨牌一样推到了神经系统，皮肤内的神经末梢被激活，血管扩张、红肿、炎症、瘙痒都在路上。

4. 皮肤微生态

微生物组学告诉我们，大约一毛钱硬币大小的一片皮肤上，生存着超过两百万个微生物，不同的物种之间维持着微妙的平衡。像表皮葡萄球菌、痤疮丙酸杆菌等，是皮肤上的常驻菌，和皮肤共生，常驻菌的稳定会阻止外来菌种过度繁衍，稳定皮肤状态。简单来说，微生态和皮肤密不可分，当有益菌主导的时候，天下太平，皮肤状态稳定；一个不小心把有益菌弄死，有害菌占大多数了，过敏、发炎、爆痘等问题就会交替出现了。

敏感肌临床表现

1. 主观症状

通常表现为受到物理、化学、精神等刺激后皮肤出现不同程度的灼热、刺痛、瘙痒及紧绷感等症状，持续数分钟甚至数小时，常常不能耐受普通护肤品。

2. 客观体征

敏感性皮肤的外观大都基本正常，少数人面部皮肤可能出现片状或弥漫性潮红、红斑、毛细血管扩张等情况，可能伴随干燥、细小鳞屑。

敏感肌评估方法

目前敏感性皮肤的评估主要有以下三种方法：

1. 主观评估

让被调查者根据自己受到触发因素刺激时皮肤是否容易出现灼热、刺痛、瘙痒及紧绷感等主观症状，对皮肤的敏感状况进行自我评估。

2. 半主观评估

刺激试验作为一种半主观的方法目前已经被广泛用于敏感性皮肤的判定，常用的有乳酸刺痛试验、辣椒素试验等。

3. 客观评估

客观评估主要方法为无创性皮肤生理指标测试，可较好地反映敏感性皮肤的严重程度或治疗效果。常用定量指标有：（1）经表皮失水率：间接反映皮肤角质层屏障功能，敏感性皮肤该数值常偏高；（2）角质层含水量：敏感性皮肤者该数值常偏低；（3）pH值：敏感性皮肤pH值常偏高；（4）皮脂：主要检测皮脂腺来源的皮脂含量，敏感性皮肤皮脂量常偏低；（5）皮肤红斑指数：应用皮肤色度分光仪可间接测定皮肤表面红斑程度，敏感性皮肤的红斑相关参数常显著偏高。

敏感肌的治疗与护理

敏感肌受到物理、化学、精神等刺激后皮肤会出现不同程度的灼热、刺痛、瘙痒及紧绷感等症状，可能会出现干燥、皮屑、片状或弥漫性潮红、红斑、毛细血管扩张等情况，可能持续数分钟甚至数小时，常常不能耐受普通护肤品。敏感肌不是一天形成的，成因也多种多样，选择一款从多个维度解决敏感问题的护肤品很重要。

1. 改善生活习惯

应尽可能避免各种触发因素，如日晒、进食辛辣食物、饮酒、情绪波动、密闭的热环境等，避免滥用化妆品。定期治疗与随访，在医生指导下配合治疗，保持耐心，树立信心，使皮肤能维持在一个良好的状态。

2. 正确选用温和清洁产品

修复受损的皮肤屏障是治疗敏感性皮肤的重要措施。合理护肤要遵循温和清洁、舒缓保湿、严格防晒的原则。宜选用经过试验和临床验证的安全性好的医学护肤品。禁用祛角质产品，宜用温水洁面，每日洁面次数不宜过多。根据季节变化选用具有修复皮肤屏障作用的医学护肤品。

对于敏感肌来说，每天早晚都需要洁面，专家们提倡敏感肌用40℃左右的温水洁面。过冷的水会使毛孔收缩，不利于彻底去掉污垢；过热的水会过度去脂，破坏皮脂膜。也可尝试交替使用热冷水，首先使用45℃左右的热水洁面，热水有助于溶解皮脂，清除皮肤污垢，然后再使用25℃左右的冷水洁面冲洗，避免敏感肌的毛孔扩张。

在气温炎热，工作和生活环境较差，使用防晒剂或粉质、油脂类化妆品，或其他特殊情况时，敏感肌也可以使用洁面产品。洗面奶是最常用的类别，每次用量为 1 ~ 2 g（黄豆至蚕豆大小），以面部 T 区为重点，用手指轻轻画圈涂抹后，用吸有清水的毛巾擦洗。洁面后喷润（爽）肤水或搽保湿霜等，以恢复皮脂膜，维护皮肤正常的 pH 值。

敏感肌在选择洁面产品时，需要尽量选用无刺激作用、较温和，并且具有安抚舒缓皮肤作用的类型。从洁面产品的清洁成分的角度，我们可以把洁面产品分为皂基类洁面产品和表面活性剂类洁面产品。

皂基类洁面产品通过形成皂化盐乳化皮肤表面污物而发挥清洁作用。由于皂盐成分为碱性，去污力强，皮脂膜容易被清除，通常适用于油性或混合性肌肤，皂基类洁面产品会增高皮肤 pH 值，使皮肤的耐受性降低，对皮肤有一定的刺激，因此不建议敏感肌使用皂基类洁面产品。

表面活性剂类洁面产品是以具有既亲油又亲水作用的表面活性剂型成分为主，加上保湿剂、黏合剂、防腐剂等复配的洁面产品。根据表面活性剂的化学特性，表面活性剂通常可分为阴离子、两性离子、非离子等。通常表面活剂类的洁面产品通过乳化和包裹等作用清洁皮肤，其配方中添加的保湿剂及润肤剂具有保湿、润肤、降低皮肤敏感性等作用，可以减轻由表面活性剂导致的皮肤屏障破坏。与皂类清洁剂相比，表面活性剂类洁面产品特别是氨基酸类阴离子洁面产品和不起泡的非离子类洁面产品性质更温和，刺激性明显减小，更适合敏感肌。

针对极端敏感脆弱的皮肤，除了使用温水洁面之外，在高温、皮肤出油多的时候，也可以使用温和的无泡洁面乳和免冲洗的洁面乳，代表性产品有：雅漾舒缓特护洁面乳、雅漾修红洁面乳、理肤泉特安舒缓洁面乳。这类产品没有添加常规的表面活性剂，利用"以油溶油"的原理，清除污垢，避免刺激性大的表面活性剂刺激皮肤。它们说是洁面乳，实际上是乳液。性质温和、不刺激，但是此类产品清洁力比较弱，有些偏油性敏感、脆弱肌肤使用后，会觉得清洗不干净。此类产品无泡、温和、不刺激、不伤皮肤，比氨基酸类洗面奶、烷基糖苷类（APG）洗面奶更温和。专门针对敏感、脆弱肌肤设计，非常适合极端敏感的皮肤使用。

此外，敏感肌要特别注意避免使用对皮肤屏障具有破坏作用的磨砂膏和去角质膏类产品，这类去角质产品会进一步破坏敏感肌的皮肤屏障，导致皮肤敏感、真皮血管扩张等问题。

3. 物理治疗

冷喷、冷膜及冷超：对热刺激敏感的患者，可通过低温物理作用，收缩其扩张的毛细血管，达到减轻炎症的目的。

红光和黄光：红光具有抗炎和促进皮肤屏障修复的作用；黄光可促进细胞新陈代谢，降低末梢神经纤维兴奋性，对于敏感性皮肤的各种症状起到缓解和治疗作用。

强脉冲光及射频：强脉冲光可通过热凝固作用封闭扩张的毛细血管，激发表皮细胞的光调作用，促进皮肤屏障功能修复，缓解皮肤敏感症状；射频可刺激真皮 Ⅰ 、Ⅲ型胶原增生，提高皮肤的耐受性。

4. 药物治疗

症状严重者可在皮肤科医生的指导下，酌情配合药物治疗。灼热、刺痛、瘙痒及紧绷感显著者可选择抗炎、抗组胺类药物治疗。

以上就是敏感皮肤的科学护理密码，希望对皮肤敏感的女生们有所帮助。

22

油痘肌的科学护理密码

规律的作息，健康的饮食，良好的情绪，
都是预防痘痘的最重要的手段。

　　烟酰胺能够抑制黑素小体由黑素细胞向角质细胞的转运，从而下调黑色素合成，达到缓解痘印、淡化斑点的效果，让我们的皮肤重回"安静祥和"的状态。

　　我们常说的痘痘，学名叫痤疮，是一种慢性的毛囊皮脂腺炎症性皮肤病，是最常见的影响青少年和年轻成人的皮肤疾病。多发于出油较多的部位，如面部、前胸、后背。据临床统计，80%～90%的青少年患过不同程度的痤疮。大部分的痤疮在青春期后有消退趋势，但也有部分人可能情绪压力、缺乏睡眠、饮食油腻，使得痤疮持续到成年期。

　　乍听起来，"青春痘"似乎很"洋气"，这可是青春的标志啊；但其具有损容性，尤其是重型痤疮，使人自卑，痤疮遗留的瘢痕可损容且伴随终生，继而严重影响患者的心理健康、学习生活、社会交往和就业选择。因此，痤疮是一种严重影响面子工程的疾病，千万马虎不得！

　　痘痘的产生的主要原因有四种：雄激素水平异常；皮脂大量分泌；毛囊周围细胞角化异常；炎症反应（主要由痤疮丙酸杆菌引起）。除此之外，遗传、心理压力、失眠等因素也会造成痘痘的产生，或者让脸上的痘痘情况加重。

　　青春期，遗传背景下，雄激素尤其是双氢睾酮（DHT）大量分泌，促进毛囊皮脂腺导管上皮的增殖和异常角化，形成微粉刺、粉刺毛孔，是痤疮发生的始动环节。雄激素是引起痤疮的主要诱发因素，其他如胰岛素样生长因子-1（IGF-1）、胰岛素、生长激素等激素也与痤疮的发生密切相关。

人的皮脂腺主要分布在面部、胸部、背部，这些地方称为皮脂溢出部位。这些部位的皮脂腺密度相对较高，更容易出油，就像肥沃的土壤，自然更容易孕育痤疮。

有句话说无油不痤疮，说的就是皮脂。油多、毛囊堵，可以让痤疮丙酸杆菌繁殖加速，而痤疮丙酸杆菌的代谢产物又可以诱导并加剧炎症，造成痤疮的一系列体现。

正常情况下，表皮的角质细胞是从基底层一步步移行到角质层的，这个移行过程，就称为角化。但有一些角质细胞半路偷懒堵在了毛囊皮脂腺导管处，导致角化异常，会让角质和油脂无法及时排出。虽然看不见，但摸上去就像一颗颗藏在皮肤下的小种子，疙疙瘩瘩的，这就是闭口。

而当角质、油脂堵在了毛囊皮脂腺导管开口处，突破了表皮，就会与空气接触，氧化变黑形成角栓，星星点点，就像皮肤上的许多小禾苗，也就是大家熟知的黑头。

而当毛囊皮脂腺分泌的大量油脂使得痤疮丙酸杆菌繁殖加速，以痤疮丙酸杆菌为首的"细菌团伙"开始繁殖，导致炎症反应，于是形成了大家深恶痛绝的一颗颗的红色丘疹甚至是脓疱。这些就是我们认知中的痘痘了。

如果堵塞物继续堆积，皮脂腺破裂导致炎症反应加重，并破坏真皮组织，则会形成结节、囊肿，最终愈合后留下炎症后色素沉着和瘢痕，也就是大家说的痘印和痘坑。

炎症在痤疮的发生发展中扮演了重要角色。痤疮丙酸杆菌可刺激角质形成细胞上调TLR2基因的表达，激活炎症信号通路，增强细胞中炎症因子IL-6、IL-8、TNF-α 的表达。此外，痤疮丙酸杆菌还可产生多肽类物质，趋化中性粒细胞、活化补体，使白细胞释放各种酶类，加重炎症。

青春痘也是熬夜党的重要标志，当睡眠不足时，体内会大量分泌皮质醇物质。皮质醇水平增加时，皮脂腺会分泌更多的油脂，同时也会让皮肤变得更加敏感。这样，皮肤也就会变得油乎乎的，很容易泛红脆弱。伴随皮质醇系统启动的，还有一支"兄弟部队"——炎症因子作战系统，在压力应激模式下，皮肤中会产生各种各样的炎症因子。这些炎症因子除了让皮肤有个风吹草动就有异状之外，还会放大痘痘问题：平时本该是个小粉刺，这时却变成了红肿发炎的大包。皮质醇和炎症因子的共同作用，会刺激血管膨胀和皮肤表皮的油脂分泌，从而使我们的脸上出现痘痘，熬夜之后，伴随东方的日出，一颗颗闭口痘就在熬夜党的面部"阵地"上冉冉升起！

另外现代研究还发现，痤疮还与饮食有关：

有研究发现痤疮的发病率与牛奶摄入量成正比，其中脱脂牛奶的相关性最明显。因为牛奶本身含有较多IGF-1，此外，牛奶中的两种主要蛋白——酪蛋白和乳清蛋白，分别具有促进IGF-1和胰岛素分泌的作用，IGF-1的增加可诱导或加重痤疮的发生。痤疮也可由油炸或油腻食物引起，这可能与甘油三酯在痤疮丙酸杆菌作用下释放游离脂肪酸从而促进痤疮的发生有关，另外某些脂质可能还参与了皮脂腺合成与毛囊角化过程，这同样也是痤疮发生的主要机制。

痤疮按照不同的严重程度，可以分为三级：

一级——轻度：皮肤不断分泌油脂，而毛囊口角化性物质不断地聚集，造成严重拥堵，微小粉刺转变为闭合性粉刺（即白头）；毛囊口由于持续扩张而开放，紧密压塞的角质形成的细胞、氧化脂质和黑色素均使开放性粉刺呈深色，形成了开放性粉刺（即黑头）。一级的痤疮应该是大家最常见也最熟悉的。

二级——中度：角栓堵在了毛囊的开口，就像刚才我们提到的，痤疮丙酸杆菌这个大"boss"，在缺氧的环境下，如鱼得水，繁衍壮大，释放代谢产物，刺激和破坏毛囊；毛囊被破坏后，促炎脂质和角蛋白被挤压进入周围的真皮层，从而导致炎性丘疹和脓疱的形成。

三级——重度：真皮层炎症融合聚集，形成囊肿或结节，甚至形成排脓性的皮损或窦道。这种痤疮就是非常严重的。

弄清楚痤疮等级后，再来看看该怎么治疗。

我们首先要重视预防：规律的作息、健康的饮食、良好的情绪，是预防痘痘的最佳手段。

轻度痤疮患者可以尝试含有水杨酸的祛痘产品。水杨酸能起到剥脱角质、溶解粉刺的作用。同时因为其本身是脂溶性的，相比果酸等水溶性成分，能更好地作用于毛囊皮脂腺，起到疏通毛孔、控油的效果。简单来说，水杨酸就像一位勤勤恳恳的农民，无论是突破皮肤的黑头，还是藏在内部的闭口，都能疏通出来。

另外，面对痤疮炎症后形成的色沉和痘印，可以使用含有烟酰胺的护肤产品。烟酰胺能够抑制黑素小体由黑素细胞向角质细胞的转运，从而下调黑色素合成，达到缓解痘印、淡化斑点的效果，让我们的皮肤重回"安静祥和"的状态。

对于中度和重度的痤疮患者，则建议向皮肤科医生问诊，通过异维A酸凝胶、复方维A酸凝胶、阿达帕林凝胶等外用药膏来治疗。重度患者可能还需要抗生素等口服药物治疗，甚至联合各类光疗、激光、焕肤剥脱治疗等医学美容方式，如红蓝光治疗、强脉冲光治疗、化学焕肤治疗、点阵激光治疗等进行综合治疗。

以上就是油痘肌的科学护理密码，我们为大家分析了痤疮产生的原因、痤疮的分级以及痤疮的治疗，希望对受到油痘肌困扰的人们有所帮助！

23

眼部肌肤护理之道

一双双美丽的眼眸，
展现着我们在这个世界之中的乐观、自信与坚强。

> 东方女性眼周皮肤很薄，耐受性差，难以承受刺激性的活性物，因此更加需要安全、温和且功效显著的"温和又勇猛"的眼霜配方。

眼睛是心灵的窗户。一双水汪汪的迷人电眼，总会令人心动不已。

古今中外的语言大师们，从来不吝啬对笔下人物眼睛的动情描绘，代表着广大女性对于眼部肌肤的美丽期望：眼周紧致不松弛、无鱼尾纹、无黑眼圈、无眼袋。

尤其在新冠疫情期间，口罩几乎覆盖着绝大部分的面部，我们虽然摘不下口罩，但是却有更多机会展现我们水汪汪的大眼睛，成就更多的电眼美女！我们外露的眼部肌肤状态，更加能决定我们整个人的气质和状态。一双双美丽眼眸，代表着我们在这个口罩世界之中的乐观、自信与坚强。

总体来说，眼部皮肤有五大特点：

（1）眼部皮肤厚度仅有0.6 mm左右，是面部皮肤厚度的1/3 ~ 1/5；

（2）一个人平均每天眨眼的次数在1万次以上，每天眨眼时，眼周肌肤受到不断拉伸；

（3）眼部周围只有皮脂腺和变态汗腺，故水脂膜对眼部皮肤保护作用小；

（4）眼部皮肤脂肪含量少，缺乏弹性纤维和胶原结构，容易失去弹性，甚至出现提前衰老迹象，产生明显的干纹和鱼尾纹；

（5）眼部周围的神经纤维及毛细血管分布密度高，血液循环不畅会导致眼部暗淡、疲劳。

由于睡眠不足、身心疲惫、情绪与压力，眼袋松弛、细纹皱纹、黑眼圈等问题，一直很顽固地困扰着东方女性。

最近20年以来，由于个人电脑和触摸屏手机在现代人工作和生活中的广泛普及，蓝光辐射带来的睡眠障碍，成为现代人的首要健康问题之一。

现代科学研究发现，一天中人体的代谢具有周期性。生物钟对不同的代谢途径有协调作用，可以调节白天/黑夜期间的代谢过程，并将同化过程和异化过程在时间上分隔开来，以提高能量的转换及利用效率。

生物钟对不同生物的各种代谢过程具有广泛的影响，如果生物钟出现问题，生物的代谢就会发生紊乱，甚至会影响寿命。一个实际年龄为39岁的受试者，如果每日睡眠时间不足6小时，连续一周之后，其表观年龄会变成51岁。

睡眠缺乏、情绪困扰、紫外线和电子产品蓝光辐射，也给我们的眼周肌肤带来了加速老化的问题，例如黑眼圈、鱼尾纹、眼袋等。

针对眼周肌肤老化问题的不同严重程度，主要有医学美容和生活美容两种解决方法，老龄化人群的眼周皮肤问题，例如眼袋松弛下垂、严重的鱼尾纹和色素沉着型黑眼圈通常是不可逆的，可以考虑整形外科眼袋切除手术或者医学美容方法来解决。而对于广大年轻人来说，她（他）们的眼周肌肤问题通常是可逆的，可以优先考虑采用生活美容的方法来改善。

然而，笔者在2019年作为欧莱雅抗衰老科研带头人，进行抗初老项目的研究过程中却发现：我国市面上主流的大牌眼霜，最初都是为老龄化的西方女性研制的，因此无法完全满足东方女性对眼周肌肤抗初老护肤品的独特需求。

经过研究后笔者认为，与西方女性不同，东方青年女性的眼周肌肤问题的根源不是自然年龄的不可逆衰老，而是缺乏睡眠、情绪焦虑、长时间使用手机和电脑带来的蓝光辐射，以及用眼过度问题。年轻的东方女性具有可逆的缺乏睡眠带来的眼周肌肤问题，根据丁香医生的调查报告，73%的人有睡眠困扰，其中很重要的原因是有81%的人睡前一小时内都会玩手机，从而引发睡眠质量问题和"倦容肌"的皮肤问题。

从那时起，笔者一直在思考和研究，真正能解决年轻的东方女性眼周肌肤问题的最优眼霜解决方案是什么？

直到2022年春天，我有幸参与了东边野兽首席科学家白焱晶博士主持的东边野兽灵芝多肽淡纹眼霜的研发项目。通过6个多月深入细致的东方女性眼周肌肤问题研究和100多次的眼霜配方反复优化与测试，联合研发团队才真正找到了最适合年轻的东方女性的最优眼霜解决方案。

在东边野兽灵芝多肽淡纹眼霜项目中，研究团队首先关注的是东方女性眼霜需求的痛点研究，研究过程中的主要发现是：东方女性眼周皮肤很薄，耐受性差，难以承受刺激性的活性物，因此更加需要安全、温和且功效显著的"温和又勇猛"的眼霜配方。

研发团队最终选择的是"灵芝油入眼霜"的温和又有效的方案，通过灵芝三萜阻断炎症通路，修护炎症性衰老，同时提升眼周肌肤免疫力，为眼周肌肤建立更好的防御机制，抵抗刺激。同时灵芝油还可以为眼周肌肤补充天然油脂，淡化纹路，从而实现修护和抗老双管齐下的解决方案。

另外，此眼霜还复配了人参酵素和三重仿生多肽（乙酰基六肽-8、棕榈酰三肽-5、类蛇毒肽），可以有效抚平眼周深皱纹、淡化动态细纹、恢复眼周肌肤的紧致弹力。

在眼霜肤感方面，此配方采用天然菊粉乳化剂取代传统的人工合成化学乳化剂，打造出小粒径油滴，让眼霜呈现出奶乳霜质地，润而不腻，可瞬间顺滑化开，不糊不油；且不含硅油，不易造成脂肪粒。

在按摩头的设计上，东边野兽专业设计团队研发了凉感白瓷按摩头设计，通过一点、一涂、一按，实现沁润、柔滑、精准的按摩效果，促进眼周循环，缓减眼周肿态。

通过以上"超级草本"和"生物科技"相融合的配方，东边野兽灵芝多肽眼霜最终有效实现了"温和又勇猛"的抗老眼霜方案，并且除了鱼尾纹之外，本配方对于抬头纹、法令纹、颈纹也具有淡化作用。

由于东边野兽研发团队坚持实干的作风，我们相信东边野兽品牌在未来还将为东方女性提供更多精简、安全、有效的靠谱的高端护肤产品解决方案。

24

皮肤的生物钟

注重作息规律，改善睡眠质量，
是延缓皮肤衰老重要的预防措施之一。

生物钟基因对于皮肤生理调控的完整机制依然不够清晰。但是根据已知的研究成果，我们已经知道，皮肤的许多生理功能都存在昼夜节律。

岁有十二月，日有十二辰。我们的生命在时光中行走，皮肤生物钟背后的科学规律是什么？不健康的生活方式如何损害肌肤健康？关于皮肤健康之问的种种答案，都与"生物钟"有关。

一昔不卧，百日不复

1972年，长沙马王堆3号汉墓曾出土了一批汉简，其中在医书《十问》里有一句"一昔不卧，百日不复"，意思是说如果一夜不睡觉，那么接下来很多天都会萎靡不振。百日虽然是一种夸张的说法，但是如果长期睡眠严重不足，"百日不复"也是可能出现的。

迪马伦与含羞草的故事

迪马伦是法国杰出的时间生物学家。1729年，他对于含羞草张开闭合的时间产生了疑惑。带着这个疑惑，他展开了他的实验，在实验过后，迪马伦发现了含羞草的张开闭合并不受外界日月环境光暗交替的影响，含羞草具有一个内在的生物钟，他的这个发现直接导致之后的人们发现了不同生物都有着高度类似的生物钟。

林奈的花钟

林奈是瑞典的一位牧师，1753年，他为了振兴瑞典的经济，将世界各地的植物移植到欧洲，在此期间，他发现了不同的花朵每天花瓣开合的时间相对固定，随即他就按照不同花瓣开合的顺序列了一张表，也就是鲜花开闭的时钟。

生物钟与诺贝尔奖

杰弗里·霍尔、迈克尔·罗斯巴什、迈克尔·扬都是美国的遗传学家，这三位科学家先后发现了果蝇体内的period时钟基因，也就是果蝇的"生物钟"；并且他们还发现并证实了该时钟基因所调控的mRNA信使和PER蛋白具有以24小时为周期的震荡昼夜节律的内在规律。2017年，以上三位美国科学家因为首先发现并克隆了果蝇的生物钟基因而获得了诺贝尔生理学或医学奖。

随着不同物种的生物钟基因陆续被克隆出来，人们对生物钟的调节通路和基因网络的认知越来越清晰。人类对于生物钟与代谢、生物钟与睡眠、生物钟与神经系统的相互调控等重要问题的科学研究，正在不断突破和深入。

一天中，人体的代谢具有周期性。生物钟对不同的代谢途径有协调作用，可以调节白天/黑夜期间的代谢过程，并将同化过程和异化过程在时间上分隔开来，以提高能量的转换及利用效率。

生物钟对不同生物的各种代谢过程具有广泛的影响，如果生物钟出现问题，生物的代谢就会发生紊乱，甚至会影响寿命。

2020年2月，位于英国曼彻斯特大学的三位学者Joan Chang、

Qing Jun Meng和Karl Kadler在Nature Cell Biology上公开发表了他们的科研新发现：胶原蛋白的合成、分泌和降解都依赖于昼夜节律，破坏昼夜节律会使胶原蛋白合成受阻，导致胶原蛋白纤维堆积、结构紊乱、弹性和强度大大下降。

人体的生物钟

昼夜节律是指生物体的生理、生化和行为以24小时为周期的振荡规律。它是生物界中普遍存在的一种节律，例如睡眠—觉醒交替、体温的昼夜波动、激素水平的涨落，都呈现出昼夜节律性。

昼夜节律发生的结构基础是分子计时器，即人体内在的生物钟。由于从黎明到黄昏的光线变化的诱导，位于下丘脑前部的视交叉上核（SCN）通过视网膜—下丘脑束接收来自视网膜的光刺激。SCN神经元的振荡是由光刺激引起的，并通过神经系统传导或者由内分泌激素输出到身体组织的外围生物钟基因。外围生物钟产生周期性转录和翻译后反应，最终产生行为、代谢和生理输出。

人体的代谢过程受到生物钟的动态影响，进行有序调控，如果我们因为倒时差或者其他事情而节律紊乱，我们机体代谢的节律也会受到干扰。其中皮肤的表皮和毛囊中存在快速分裂的细胞群，其生物物理参数具有周期性波动特性，这些参数也同样直接或间接受生物钟的调节影响。

来自法国的研究者Isabelle Le Fur等人2001年9月在The Journal Of Investiagtive Dermatology期刊上发表的论文研究数据表明：通过对8名21～32岁的白人女性的前额和面部皮肤的分析证实，皮肤的油脂分泌和经皮水分流失也呈现出昼夜节律。其中前额油脂分泌的峰值出现在中午12点，最低值出现在凌晨0点；而面颊部屏障功能（经表皮水分流失变化率）在8点和16点出现峰值，在20点和0点出现最低值。

来自加拿大的乔治 A. 比亚纳森等科学家通过皮肤组织活检，在8位受试者的皮肤组织中发现褪黑素和皮质醇也存在以24小时为周期振荡表达的规律。

皮肤生物钟的分子机制

在以上皮肤生理学的昼夜节律的背后，控制和调节的底层系统是什么？来自美国加州大学的马克西姆·普利库斯等研究人员于2015年6月发表在*Journal of Biological Rhythms*上的综述文章，对此问题展开了分析。

皮肤是人体最大的器官，其结构是相对稳定的，但皮肤的功能和活力在一天中是随人体机能变化而规律变化的。这种规律性变化是人体生物钟的一个重要组成部分，并具有一定的特征，暂称其为"皮肤生物钟"。皮肤生物钟是人体机能变化规律的缩影，人体的新陈代谢活动在有规律地不停变化着。

笔者认为，人体核心生物钟是通过神经系统和内分泌激素系统这两大系统来对表皮组织、真皮组织以及皮下脂肪组织的新陈代谢过程进行振荡调控的，无论是角质形成细胞还是表皮干细胞，都具有显著的生物钟活性。

皮肤的生物钟，是皮肤对环境压力的一种调控反应，保护着皮肤免受各种环境伤害，包括UVB辐射、温度、化学和物理伤害以及微生物感染，是皮肤的主要功能。表皮干细胞的DNA复制、

DNA修复机制和细胞分裂存在显著的昼夜节律，这些特征依赖于表皮角质形成细胞内完整的昼夜节律。表皮屏障功能，如经表皮失水和角质层水合作用，也同样受到昼夜节律的显著调节，表皮屏障功能的昼夜循环至少部分取决于水通道蛋白表达水平的每日变化，水通道蛋白3（AQP3）是基底表皮角质形成细胞中假定的时钟输出基因。

免疫细胞流入组织也已被证明受生物钟的调节。皮肤抗原呈递细胞的运输存在昼夜变化。在小鼠中，急性和延迟型炎症反应都与时钟调节有关。皮肤中的许多免疫相关基因具有昼夜节律性，这表明皮肤对感染和自身免疫损伤的反应可能与时间有关。

我们已经知道，自然光线变化是诱导人体生物钟调控规律的最重要的"开关"。然而过去30年，城市化发展、智能手机和移动互联网的普及，在提升我们生活品质的同时，也带来了无处不在的光污染和电子产品产生的蓝光辐射，进而干扰了人体褪黑素的正常分泌，从而严重影响了我们的睡眠。根据丁香医生发布的《2021国民健康洞察报告》，73％的受访者都存在睡眠障碍，而具有睡前看手机习惯的受访者高达83％。

虽然生物钟基因对于皮肤生理调控的完整机制依然不够清晰，但是根据已知的研究成果，我们已经知道，皮肤的许多生理功能都存在昼夜节律。在女性皮肤中评估的各种参数，如血流量、氨基酸含量和经皮皮肤失水（TEWL）在夜间最高。皮脂测定法评估的额头皮脂生成在中午达到峰值。夜间皮肤的pH值较低，白天较高。清晨面部的皮肤温度较高，皮肤血流量和皮肤屏障呈现昼夜节律和超昼夜节律，白天早期皮肤血流量较低，下午晚些时候和傍晚达到峰值。

　　身体好时容光焕发，身体不好时面色蜡黄，皮肤状态是身体健康的一面镜子，皮肤状态是我们生理健康和心理健康的一种外在表现。皮肤的生物钟并不是我们可以随心所欲控制的，而是人体的内在整体的昼夜节律的一部分。因此皮肤护理不仅仅包括清洁和防晒，不仅仅是选择"早C晚A"的护肤品，更重要的是作息规律的健康生活方式。

护肤金字塔

　　美国科学家佐伊·黛安娜·德雷罗斯博士在她绘制的护肤金字塔中指出：皮肤护理最基础最重要的工作是预防和防护，其中包括睡眠充足、情绪健康、饮食均衡、合理运动、不吸烟、不喝酒、防晒和防空气污染等。

　　长时间作息不规律和睡眠缺乏，会导致皮肤弹性下降、脸部纹路明显、皮肤干燥、眼睑下垂、头发皮肤色素脱失等症状。因此，注重作息规律、改善睡眠质量，可能是延缓皮肤衰老最重要的预防措施之一，值得进一步研究与探讨。

25

美丽睡眠的三大关键

睡前让大脑单调，让大脑放空，是美丽睡眠的关键。

大脑无聊放空，是睡得好的第三个关键。需要记住的是，美丽睡眠的关键是让大脑无聊，变得疲劳；而不是让大脑更兴奋。

多年的抗衰老护肤品科研经验告诉我：缺乏睡眠，是皮肤衰老的第一大杀手！睡好美容觉，是打造美丽肌肤的最基础工程。

为什么要睡美容觉？

大脑神经科学的研究已证实，人类不睡觉时，记忆、判断、决策等相关的认知功能会减退，从动物的睡眠剥夺实验来推论，如果连续两周不睡觉，人很大概率会在心理和生理两个方面全面崩溃而死亡。

在1963年由某志愿者主动发起的睡眠剥夺实验中，志愿者持续240个小时（即10天）没有睡觉，这是人类故意不睡觉且不使用任何兴奋剂的最长时间。在实验还没结束的时候，受试者就已经出现了幻觉以及神志不清的状况。在医生的耐心帮助下，受试者的身体才没有出现大问题。

科学研究表明，如果缺乏睡眠，人体的免疫机制会受到破坏，患癌、冠心病和II型糖尿病的风险会增高。在美国的护士健康研究中，从事夜间倒班工作20年以上的护士，乳腺癌发病率提高了79%。

在挪威的一项案例对照研究中，研究者对4435名护士进行调查研究后发现，从事夜间倒班工作30年及以上的护士患乳腺癌的概率是未从事夜班工作护士的2.21倍。

而对于"睡美人"来说，所谓美容觉，指的是睡眠过程中才会启动的皮肤自我修复机制。如果缺乏睡眠，皮肤的细胞营养供给会出现障碍，使皮肤紧密度变差，保水功能下降，变得干瘪、皱纹增多。如果睡眠缺乏情况很严重，我们将会自动被发展为"熬夜党"成员。在熬夜党的旗帜上，最主要的标志是无法回避的"黑眼圈"和"青春痘"。

对于东亚人来说，黑眼圈包括色素型和血管型。一般来说，年龄在35岁以上的成年人容易出现皮肤黑色素代谢问题造成的色素型黑眼圈；而对35岁以下的年轻人来说，血管型黑眼圈更常见。

血管型黑眼圈产生的原因是：熬夜导致局部血液循环不畅，血液中缺氧血红蛋白所占比例升高，颜色更偏紫，而眼皮角质层是人体皮肤角质层最薄的地方，皮下毛细血管淤血会形成血管型黑眼圈，在白天看起来会很明显。

除了黑眼圈，熬夜党的第二大标志就是"爆痘"了。当我们睡眠不足时，体内会大量分泌皮质醇物质，这些皮质醇会刺激血管膨胀和皮肤表皮的油脂分泌，从而使我们的脸上出现痘痘，熬夜之后，伴随东方的日出，一颗颗闭口痘就在熬夜党的面部"阵地"上冉冉升起！

什么是睡眠节律？

几百万年来，人类日出而作、日落而息，始终遵循着昼夜节律。昼夜节律是生命体24小时的内循环，受我们的内置生物钟的管理。我们大脑中的这一生物钟，24小时调节着我们的多个内部系统，包括睡眠和饮食习惯、激素的分泌、体温、灵敏度、情绪和消化，使其与地球的自转相一致。

我们的生物钟是根据一些外部因素设定的，其中最主要的是日光，此外还包括温度、进食时间等其他因素。昼夜节律是内置在我们体内的，是我们每一个个体的有机组成部分，是经历了上万年进化的产物。

我们无法摆脱昼夜节律，就像我们无法阻止公鸡打鸣一样。哪怕人类大难临头，不得不转移到地下并生活在没有日光的洞穴中，昼夜节律仍然会坚守阵地，存在于我们体内。

现代医学还证实了人的睡眠遵循某种固定的规律。一般从入睡到清醒分为两大阶段：快速动眼睡眠期与非快速动眼睡眠期。两者交替一次约为90分钟，称为一个睡眠周期。交替期间，我们会经历非眼动睡眠、眼动睡眠、快速眼动睡眠等睡眠阶段。

这个过程就像下楼梯，我们下到越来越深的楼层，就是进入越来越深的睡眠。睡完一个周期之后，我们会醒过来，再进入下一个睡眠周期。当然通常我们不会记得自己曾经醒来过。而一次正常的睡眠由4～5个睡眠周期组成。

要想判断你睡眠的好坏，得看你睡了多少个睡眠周期。如果一直困在半梦半醒的浅睡眠阶段，睡多久也没用。

我们怎样才能找到自己最好的睡眠状态呢？科学上最简单的方法，就是尝试利用度假的机会，进入无压睡眠。看看自己什么时候想睡？什么时候醒来？再看看会睡多久？找到身体最佳的睡眠时间以及自己的睡眠模式。由此，能让自己建立稳定的生理时钟，真正发挥最大的效率。

如何保持健康的睡眠节律？

《睡眠革命》这本专著提供了保持睡眠节律的七条建议：

1. 固定起床时间

固定的起床时间就像一根铁锚，设定一个固定的起床时间，并持之以恒地坚持下去。如果你和伴侣同床共眠，让他也这样做，你们的起床时间保持一致是最理想的。

2. R90 原则

用90分钟时长的睡眠周期衡量睡眠，而不是睡了多少小时。你可以自行选择入睡时间，但入睡时间取决于你的起床时间。从起床时间出发，根据90分钟时长的睡眠周期，向后推算。

3. 每周睡眠质量比每天更重要

把睡眠放在更长一段时间中考虑，减少不必要的压力。一个"没睡好的糟糕晚上"不会要了你的命，不妨试着去考虑你每周一共获得了多少睡眠周期，而不必纠结于一周中某一天没有睡好。

4. 事不过三

尽量避免连续三个晚上睡眠不足（每晚睡眠少于4个睡眠周期）的情况发生。

5. 睡眠周期因人而异

睡眠不是一个简单的数量或质量的问题，可以尝试摸索究竟多少睡眠时间最适合你。对大多数人来说，每周获得35个睡眠周期是最理想的。

但是对部分人群来说，例如英国的撒切尔夫人每周28～30个睡眠周期（每晚睡6小时）甚至更少，可能也是适合的。

6. 七分之四原则

争取每周至少有4个晚上能获得理想的睡眠时间。我们知道，我们人生的1/3都在睡觉，它决定了另外2/3的生命质量。因此，我认为："一夜安眠等于一夜暴富。"睡得好，才能招财进宝！

7. 美好睡眠的三个关键

（1）光线环境

什么是最有利于睡眠的光线？答案是没有光线。换句话说，黑暗的环境有利于睡眠，让卧室在睡前和睡眠过程中保持黑暗，是一夜安眠的第一个关键。因为黑暗环境有利于下丘脑分泌褪黑激素，引发睡意。所以睡前你的卧室光线越暗越好，你可以开一盏昏暗的小灯，在睡前让屋子先暗下来。

睡前一小时，不要对着手机、电脑等显示器看。因为它们发出的蓝光会降低褪黑素的分泌，扰乱我们的生物钟。

（2）体温环境

美国斯坦福大学睡眠研究所西野精治教授在《斯坦福高效睡眠法》一书中，解密了睡眠的体温环境密码：睡前主动升高体表温度，有助于创造更好的睡眠条件。因此，一夜安眠的第二个关键是睡前用温水泡澡、淋浴或者泡脚。这是因为，睡前温水泡澡、淋浴或者泡脚，可以主动提高体表温度，有助于缩小体表温度与体内温度的差距，从而创造出更适合睡眠的体温条件。

需要特别注意的是，美丽睡眠的关键是把握时机。为了保证沐浴或者泡脚之后有足够的时间让身体散热，泡澡的最佳时机是睡前两小时左右。而淋浴和泡脚，则可以在睡前一小时左右进行。

（3）单调法则

睡前让大脑单调，让大脑放空，是一夜安眠的第三个关键。大脑放空了觉得无聊，自然更容易入睡。

怎么让大脑放空呢？关键是创造帮助大脑放空的环境。床是睡觉的地方，不是看电视和刷手机的地方。当然如果读书会让你犯困，你可以在睡前读书，从而改变状态、促进睡眠。

需要特别注意的是，不要看情节特别丰富的，比如武侠小说这一类的书。因为它可能让人越看越兴奋，难以入睡。美丽睡眠的关键是让大脑无聊，变得疲劳；而不是让大脑更兴奋。

26

熬夜党的自我拯救之道

夜班族需要聪明地使用遮光帘，眼罩和隔音耳塞，
为自己创造一个良好的睡眠环境。

刘润老师说，

无论我们从事任何职业，追求任何事业，

本质上都是三种资源的相互转化：

我们的全部职业生涯过程，

都是将身体资源（体力、精力），

转化为心智资源（知识、经验和智慧），

然后再将心智资源转化为

社会资源（财富、地位等）的过程。

所以我们的身体资源就是我们

职业生涯成就的最重要的资源基础！

因此，如果我们希望有所成就，

就应该珍视身体资源的保养维护！

而医学研究证实：睡眠过程，

就是身体自我修复更新的最重要的必经之路！

并且通过睡眠过程，

大脑才能将知识和信息固化记忆到头脑中，

从而实现心智资源的积累，

为获得社会资源（财富、地位等）打好基础！

因此，笔者认为：

睡眠，是我们生命中最重要的朋友！

我们一生有三分之一是在睡眠中度过的，

而它决定了另外三分之二的生命质量！

说到睡眠，你也许会问：熬夜党如何改善睡眠质量？

凌晨时分，本应该是人体养精蓄锐的黄金睡眠时段。可是如果因为上夜班而得不到休息，清晨才能下班回家的"感觉身体被掏空"的打工人，怎样在最不适合入睡的白天睡好觉呢？笔者在这里为饱受夜班困扰的人们奉上以下锦囊妙计：

夜晚，人体会分泌褪黑素并进入睡眠状态。如果你是夜班族，就错过了睡眠冲动和睡眠需求同时达到高峰的，凌晨0时—3时的最佳睡眠时机。

上了个夜班，错过一个亿！

等早上回到家，太阳已经升起，你的睡眠压力非常大，但是由于强烈日光的唤醒作用，睡眠冲动开始下降，因此夜班族在白天很难获得像夜间睡眠一样的高质量睡眠。

因此，给夜班族的第一个科学建议是：

重置生物钟

夜班族需要聪明地使用遮光帘、眼罩和隔音耳塞，在太阳最强烈的午后，为自己创造一个黑暗和宁静的良好睡眠环境。从而充分利用午后"睡眠冲动"，更快入睡，为下午13—15时的非REM睡眠（深度睡眠）创造条件，打好美丽睡眠的睡眠深度基础。

在上床前一小时，还可以考虑服用2~3毫克的商旅达人常用的倒时差神器"褪黑素"，以更快入睡和提升睡眠深度。

模拟日光唤醒术

如果你的起床时间是晚上18—19时，此时（特别是冬季）可能已经天黑了，因此需要人造光——可以去购物网站买一个模拟日出自然唤醒灯，以帮助夜班族在起床时更好地唤醒自己。

启动我的小宇宙，从此不犯困！

通过模拟阳光，让自己沐浴在日光之中，然后开始睡眠后例行程序，排空你的膀胱，喝水补充水分，吃一顿富含蛋白质的晚间"早餐"。

还可以进行一些低强度的瑜伽或有氧运动。同样，如果你有孩子或伴侣，可以花点时间陪陪他（她）们，这样就不会完全脱离日常生活。社交可以帮助夜班族稳定情绪，避免作息颠倒"独行侠"的孤独感。

聪明地喝咖啡

咖啡因是在全世界最受欢迎的表现增强剂，是一种会让神经变得兴奋从而驱走疲劳的神经刺激物。研究证明，咖啡具有提高灵敏度、反应速度、注意力和耐力的功效。

拉个花，好提神！

对于上夜班的人来说，咖啡因是一种强效的表现增强剂，在夜班开始后，例如晚上21—22时是最佳的"咖啡时间"，让体内咖啡因浓度在午夜时分达到最高值，以更好地帮助夜班族顽强阻击午夜时分不期而至的困倦感的攻击。

不过不要忘记，夜班族每晚咖啡因摄入量不应该超过最高摄入量400毫克（约等于2杯美式咖啡）。

同时，咖啡因的半衰期长达6小时。因此不建议夜班族在早上6点以后再摄入任何含咖啡因的饮料和食品（如咖啡、浓茶、巧克力等），以避免对午后睡眠产生负面影响。

27

运动、睡眠与美容

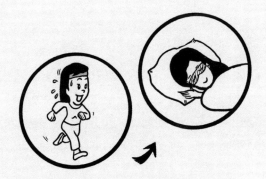

白天的有氧运动，有助于提升夜间睡眠质量。

剧烈运动造成的肌肉纤维损伤和乳酸堆积，会让体能在第二天难以得到恢复，肌肉持续酸痛，反而会给之后的睡眠带来负面影响。可以选择中等强度运动项目，包括慢跑、慢速的自行车骑行、游泳等低运动量的有氧运动。

运动与衰老的关系

美国科学家曾经做过一个长达35年的对比研究，对400名成年人进行了一系列的跟踪对比分析最终发现：坚持体育运动的实验组，在抵抗力、体能，甚至皮肤紧致度与光泽度方面，都明显高于很少运动的对照组，而且年老之后患阿尔茨海默病的概率会更低。

大家熟知的国家抗疫英雄，已80多岁高龄的钟南山院士，为什么看上去好像只有五六十岁？他年轻时曾经在1958年第一届全运会上打破了400米栏的全国记录。此后的60多年以来，他从来都没有停止过体育锻炼。采访报道，钟南山院士平时基本保持每星期3次的运动节奏，每一次运动时间40~50分钟，或慢跑，或打篮球，或游泳。80多岁的身板，在篮球场上的风采丝毫不逊于比他年轻50多岁的年轻人。

钟老的故事告诉我们：坚持适当运动，是最好的抗衰老护肤品和保健品，是性价比最高的人生投资！

它可以帮助你在80多岁的时候，依然可以像钟老一样，牛气冲天！

运动与睡眠的关系

关于运动与睡眠的关系，研究表明："有氧运动"有助于提升睡眠质量。所谓有氧运动，是指心率能达到150次左右的，能够让人体获得充分平衡氧气供应的体育锻炼。有氧运动主要包括中等速度的慢跑、游泳、跳绳等增强体质的适量的体育运动。它们都能够促进人更快入睡，促进深度睡眠，迅速缓解疲劳，从而带你进入一个睡眠的良性循环！

美国俄勒冈州立大学的一项研究发现，每周进行150分钟的中强度锻炼，能让睡眠质量提高65％。如果每周运动4次左右，每次运动时间在30分钟以上，运动强度达到最大心率的75％，也就是大概每分钟150次左右的心率，坚持这样的运动节奏持续4个月以上，那么入睡会更快，睡眠会更深，睡眠时长也能增加1小时左右。

睡前运动应该如何进行？

1. 运动时间不宜太晚

阿巴拉契亚州立大学最近的一项研究发现，如果想在晚间获得最佳睡眠，晨练是理想的选择。研究人员跟踪了参与者的睡眠模式，其中，参与者的锻炼时间分别是早上7：00、下午13：00和晚上19：00。结果发现，早上7：00锻炼的人比另两组人的睡眠时间更长，拥有更深度的睡眠。事实上，晨练最多可以修复晚间75％的"深度睡眠"阶段。如果你想延年益寿，让身体更健康，这就是一个值得注意的重点。

对有些人来说，这听起来可能不符合直觉判断。他们认为，人们在高强度锻炼之后，会入睡更快。晚间锻炼最大的问题之一，是会大大提升你的核心体温，而体温降下来要花4～6小时。如果睡前漫无目的地提升核心体温，会妨碍你获得最佳的睡眠。不过，如果你想晚点锻炼，也不用担心。研究发现，在锻炼之后，核心体温下降后的值其实比往常要低一点。因此，如果你合理地调配时间，运动能成为最佳睡眠的"金钥匙"。从体温调节的角度看，选在午后或傍晚锻炼非常不错。比如说，如果你在下午16：30锻炼，晚上22：00睡觉就正好。到那时候，锻炼时分泌的应激激素已经降下来，副交感神经系统接管身体，核心体温也降了下来，为睡眠时间提供了最佳的内部环境。

因此，如果你要选择锻炼时间的话，选在早晨是对睡眠最有利的，选在傍晚能带来一些好处。如果太晚去运动，运动离睡眠时间太接近，运动后释放的多巴胺、内啡肽会让脑细胞更活跃，反而不利于睡眠。睡前运动，无疑是给自己喝了一杯纯正的黑咖啡，自带失眠效果。在白天而不是晚上运动，可以让你的身体在睡觉之前，有足够的时间把温度降下来，也能让大脑和身体有足够时间平静下来，完美准备好进入睡眠状态！

2. 运动强度要适当

过于剧烈运动，会让我们的心率、体温、内啡肽和肾上腺素水平上升，让大脑过于兴奋，不利于入睡。

另外，剧烈运动造成的肌肉纤维损伤和乳酸堆积，会让体能在第二天难以得到恢复，肌肉持续酸痛，反而会给之后的睡眠带来负面影响。可以选择中等强度运动项目，包括慢跑、慢速的自行车骑行、游泳等低运动量的有氧运动。每周3～5天，每天30分钟以上，长期坚持，效果更佳！运动之后，建议用温水淋浴或泡澡，有助于进一步提高体温，从而更好地降低睡前体温，创造更适宜睡眠的体温条件，有助于快速入睡！

28

35 亿年的海洋传奇

海洋是人类的资源宝库，
可以为化妆品行业提供无限的生物活性化合物。

在皮肤美容配方的配伍性方面，除了活性功效之外，我们还需要综合研究配方的稳定性、安全性、温和性和经济成本，才能够在化妆品工业中发挥海藻活性成分的真正商业潜力。

2022年11月29日，欧莱雅集团宣布通过旗下的风投基金收购了生物科技公司MicropHyt的部分股权，以支撑后续美容产品的开发，加速欧莱雅集团的绿色科学战略推进。MicropHyt成立于2007年，由法国生物学界著名专家Arnaud Muller-Feuga创立。MicropHyt公司的主要业务是用绿色低碳的专利工艺可持续地生产微藻以及提取微藻活性物质，并将其用于新的化妆品开发，提高化妆品的功能品质和活性特性。

地球70%以上的面积被海洋覆盖，海洋是地球上高达90%的生物物种的生命家园。在35亿年以前的地球上，海藻是最早进行光合作用的生物，是地球上最原始的生命。海洋提供了独特自然环境和丰富的资源，赋予无数海洋生物无限的生命潜能。海洋是人类的资源宝库，可以生产出许多生物活性化合物，这些化合物可用于制作药物、营养药品和药妆品。

藻类是一种复杂的光合生物，生长在阳光充沛及富含地球原始完整76种有机矿物元素的海洋环境中，含有高达70%的植物性蛋白质，其中人体必需氨基酸的比例高达50%，人体吸收率高达90%。迄今为止，已经确定的藻类种类超过2万种，根据大小不同，藻类可以分为两种。大藻类（海藻）为生活在沿海地区的多细胞海洋植物，结构比陆生植物简单；而微藻是小型单细胞或简单的多细胞物种，存在于各种环境中。

海藻中富含糖类、脂类、蛋白质、氨基酸、矿物质和类黄酮，还含有钙、磷、铁等多种矿物元素，β-胡萝卜素、泛酸、叶酸、生物素及A族、B族、C、E等多种维生素。在各种成分中，糖类化合物是海藻中含量最丰富的成分，以单糖、双糖、寡糖和多糖等多种形式存在于海藻中。褐藻的维生素B12、铁质含量比肝脏高，钙质含量比牛奶还高。

海藻成分中还含有不饱和脂肪酸、甾类及多萜等多种活性物质。研究表明海藻生物活性成分具有护肤美容、抗菌消炎、抗肿瘤、抗病毒、抗衰老、减肥消脂和增强肌体免疫力等一系列特殊功能。海藻从最初的只占有极少量的市场到现在被世界化妆品知名品牌普遍应用，这归功于海藻原料中众多分子的突出功效。利用海藻中丰富的蛋白质、氨基酸、多糖、维生素、矿物质、水溶性聚合物，可制备具有保湿、抗氧化、美白、祛痘、防晒、减肥、护发等不同多种功能的产品。

皮肤美容产品中海藻活性物的科学故事

美丽的法国布雷阿群岛位于墨西哥湾暖流和北大西洋寒流交汇之处，有世界海洋心脏之称。这里生长着超过25 000种海洋植物，被称为"水下亚马逊森林"。远离尘世喧嚣的神秘宁静的海洋群岛，以及世世代代岛民对纯净生活的坚持与向往，让这个小岛至今仍维持着最纯粹、最独特的生态环境。海洋暖流带来的生机，可以说是大自然的奇迹。原本在温暖的墨西哥湾热带孕育的墨西哥湾黄金藻随着北漂的洋流，来到了墨西哥湾暖流和北大西洋寒流交汇之处的有世界海洋心脏之称的法国布雷阿群岛。长途跋涉的墨西哥湾黄金藻生长在海边的岩石下，在水深达到25米的海底也能找到它们的身影。其叶柄和叶片的连接处呈金黄色，在阳光下会发出金灿灿的光芒。黄金藻具有强大的吸收和保持水分的能力，其体内产生的宝贵海藻多糖类成分，可以有效应用于保湿、抗炎、抗衰老等化妆品。

除了来自墨西哥湾的黄金藻，被称为法国"青春藻"的布雷阿褐藻（植物学学名：裙带菜）同样也是岛民们世代相传的美肤秘方。早在19世纪，当地渔女就用褐藻制作出一种美肤精粹，让她们即便在海岸上经受风吹日晒，仍能保持清澈水润的美丽容颜。但由于数量珍稀，这些精粹仅供亲友使用。今天借助高科技海洋细胞培养工厂培养技术，勤劳智慧的法国科学家已将"青春藻"之中的40余种氨基酸和矿物质转化为对自身有益的天然有机体，运用到肌肤之中，能唤醒肌肤的天然修复能力，像拥有对抗海水洗礼的神奇力量般，对抗外界的重重侵害。法国"青春藻"含有丰富的氨基酸、维生素、矿物质及微量元素，可以为健康肌肤新陈代谢提供所需要的营养支持。氨基酸是皮肤中胶原蛋白和纤维蛋白的主要成分；维生素可防止肌肤老化粗糙，增强皮肤免疫力；矿物质和微量元素能调节人体新陈代谢，维护皮肤、黏膜的弹性、韧性，使皮肤细嫩、柔滑。

亿万年以前，非洲撒哈拉大沙漠曾经是一片生命的绿洲。亿万年之后，法国的海洋科学家在这里发现了"沙漠复活藻"细胞。在撒哈拉大沙漠，炎热的白天与寒冷的黑夜循环交替，水资源和食物极度缺乏，但是"沙漠复活藻"在这个荒凉的沙漠经历了从海洋到沙漠的沧桑巨变，依然顽强地存活了数十亿年。它们"贪婪"地吸收干燥沙漠空气中的每一个水分子,将蕴含生命的活力输送到体内的每一个细胞,在休眠与复活之间维持着数十亿年的生命的奇迹。沙漠复活藻中蕴含丰富的海藻多糖分子,可与水分子形成氢键而结合大量的水分,同时,海藻多糖分子链还相互交织成网状,加之与水的氢键结合,起到很强的保水作用。此外,在海藻细胞外基质还可以与皮肤中纤维状蛋白质结合,形成一层均匀的保湿薄膜,保存皮肤自身的水分,而完成润肤作用。因此,海藻糖的高度吸水性和良好的成膜性完美地结合,能给皮肤提供极佳的保湿效果。

海藻的分类与主要活性功能成分

大型藻类(海藻)可以在沿海地区找到,大型藻类根据其主要色素可分为三类:绿藻、褐藻和红藻。绿藻可以通过光合作用吸收大量的光能。而与绿藻不同,红藻和褐藻生活在阳光不足的海洋深处。褐藻约占世界上栽培的大型藻类总数的59%;其次是红藻,占40%。大型藻类可以在海滨进行大规模栽培,它们的生长速度相对较快,通过调节培养条件可以控制其生物活性化合物如蛋白质、多酚和天然色素的生产。许多大型藻类代谢产物和色素具有抗氧化、抗炎、抗肿瘤、抗高血压和抗炎抗敏作用,也可以在透明质酸酶抑制、神经保护和基质金属蛋白酶(MMPs)抑制活性中发挥一定的作用。

微藻是单细胞或简单的多细胞物种,生长迅速,生活在恶劣的条件下,并承受环境压力,如热、冷、厌氧、高盐度、渗透压,还暴露在不同类型光源等多种富有挑战的环境条件下。与传统植物相比,微藻的产量更稳定、受季节和气候影响较小、更容易提取和来源丰富等优点，使其具有比大型藻类更多的工业应用优势。微藻具有相当大的可塑性，可以将相同的工艺用于许多不同的领域。

微藻种类广泛、生化特性广泛，具有进行含氧光合作用的特殊生理特性。过去20年以来，微藻的现代工业化培养迅速发展，主要是大规模生产，以便收获足够的生物量以获得有用的有机成分。例如通过水平、垂直或螺旋管式反应器、平板反应器、膜光生物反应器等多种反应器，都可以实现微藻的工业化培养。微藻含有丰富的脂肪酸、生育酚、甾醇、蛋白质、碳水化合物、维生素、矿物质、抗氧化剂和色素（如叶绿素和类胡萝卜素）等。藻类提取物及化合物具有光保护和抗氧化能力。

海藻活性成分的皮肤美容机理与临床功效

1. 海藻活性成分的抗氧化功效

皮肤老化是一个缓慢而复杂的过程，包括内在和外在机制，会导致许多变化，如变薄、干燥、松弛、脆弱、毛孔粗大、暗沉、细纹和皱纹。研究表明，皮肤暴露在阳光的紫外线中产生的氧化应激可导致自由基细胞损伤，以及细胞凋亡，从而引起皮肤光老化现象。褐藻中的活性多糖成分被证实具有抗氧化特性，可用于预防皮肤老化。

墨角藻为一种褐藻，被收录于《已使用化妆品原料目录（2021年版）》，具有抗病毒、抗微生物、抗凝血、抗肿瘤等多重功效，这与其富含多酚密切相关：100g干重的藻体中，多酚含量可达到5.37%（w/w）。酚类结构普遍有抗氧化、清除自由基的能力，其抗氧化的机理主要是氧原子上不成对单电子能与苯环上的 π 电子云作用，发生共轭效应。这种共轭的结果使成对电子并不固定在氧原子上，而是部分分布到苯环上。这样，自由基的能量就有所降低，不再引发链式反应，起到了抗氧化作用。赫弗南等人研究了褐藻乙醇提取物的抗氧化活性，证明抗氧化能力与褐藻多酚的含量存在正相关性。

从一种微藻等鞭金藻中提取的岩藻黄素，已被证明能清除不同的自由基，如DPpH、ABTS、过氧化氢、羟基自由基、超氧阴离子和单线态。岩藻黄素的抗氧化活性在细胞和动物实验中也得到验证：在非洲绿猴肾细胞（Vero）中，从长角马尾藻中分离的岩藻黄素可抑制H_2O_2引起的氧化损伤，降低细胞内活性氧（ROS）的水平，阻止DNA的断裂和凋亡过程。在人类成纤维细胞培养中，岩藻黄素能够降低UVB照射造成的氧化损伤，对于DNA的保护作用呈现剂量依赖性规律。光辐射损伤的视网膜色素上皮在施用岩藻黄素后可检测到细胞内ROS的减少，并且无细胞毒性。在岩藻黄素的抗氧化功效研究中，还发现其在防紫外辐射方面也能够发挥重要作用。

2. 海藻活性成分对金属蛋白酶（MMP）的抑制和抗皱作用

基质金属蛋白酶（Matrix Metalloproteinases，MMPs）是一类结构和功能相关的内肽酶家族，能够降解人体皮肤的ECM成分，如胶原蛋白、蛋白聚糖、纤维连接蛋白和层粘连蛋白。UVB和UVA可诱导ROS的形成，而ROS有可能激活血中性粒细胞并诱导弹性蛋白营养不良。中性粒细胞可渗入皮肤并分泌中性粒细胞弹性蛋白酶，进而激活基质基质金属蛋白酶，降解胶原蛋白和弹性纤维，导致皮肤弹性丧失，促进皱纹形成，加速皮肤老化。

藻类产生的次生活性代谢产物种类繁多，具有多种不同的生物活性。岩藻黄素被证明可以通过抑制细胞外信号调节激酶（ERK）来抑制UVB诱导的MMP-1的表达。岩藻黄素的离体研究表明，它可以最大限度地减少人类白细胞弹性蛋白酶的活性，从而保护皮肤的弹性纤维网络免受酶水解的影响。

3. 海藻活性成分的络氨酸酶抑制和美白作用

在亚洲文化中，更白、更亮的皮肤被视为更美丽的，因此皮肤美白产品在亚洲地区的药妆市场中占据了很大的份额，预计未来还将强劲增长。在寻找天然酪氨酸酶抑制剂的过程中，海藻引起了人们的关注。据报道，海洋微藻中提取的岩藻黄素可以抑制UVB照射诱导的小鼠的酪氨酸酶活性和UVB照射诱导的小鼠的黑色素生成。间苯三酚衍生物是褐藻中的另一种常见的次生代谢物成分，由于其螯合铜的能力，褐藻也具有酪氨酸酶抑制活性。

4. 海藻活性成分的抗菌抑菌作用

海藻的抗菌特性自古以来就为人所知，金黄色葡萄球菌是人类菌群的一部分，主要存在于许多皮肤表面，当皮肤受伤破损时，葡萄球菌都可以进入伤口，引起自限性甚至危及生命的感染。采集自太平洋中红藻中的多元醇物质，被发现可用于对抗金黄色葡萄球菌感染，一项研究发现它在接种后48小时内实现完全抑制，浓度与链霉素相当，绣球菌提取物也被证实对大肠杆菌、金黄色葡萄球菌、白色念珠菌和黑曲霉具有抗菌活性。

5. 藻中的水溶性高分子增稠剂

许多海藻成分被用于化妆品配方的增稠，为化妆品的使用过程提供合适的黏度、流变性和稳定性。琼脂是一种多糖，用作为增稠剂来控制化妆品中的黏度和润肤作用。当多价阳离子（尤其是钙离子）引起多糖间结合时，它能在藻酸盐溶液中形成凝胶状。例如海藻酸盐在化妆品配方通过二价钙离子的浓度调节作用，可以增强和优化增稠效果。pH值是影响海藻酸盐溶液黏度的另一个因素。pH对海藻酸盐的影响在pH为4附近最明显，低于这一值的海藻酸盐溶液黏度增加非常快，而pH高于10的溶液变得不稳定。

卡拉胶是从红藻中分离出来的多糖，卡拉胶在热水中溶解后，聚合物链以随机线圈的形式存在。当冷却后，多糖链聚集在一起，最终形成双螺旋，在阴离子硫酸盐基团的活化下，卡拉胶可以形成黏度更高的溶液甚至凝胶。

海藻活性成分的应用前景

根据《已使用化妆品原料目录（2021年版）》，我国收录的可使用的藻类原料超过100种，其中微藻及其提取物有30余种。我国海域辽阔，海藻资源丰富，海藻活性成分开发潜力巨大，但由于研究起步晚，我国的海藻深加工开发利用与世界领先水平相比仍有较大差距。海藻种类繁多、生长速度快，能提供皮肤所需的几乎所有养分，将成为化妆品可持续发展的重要生物成分来源，是天然的蓝色美容宝库。

应用现代生物活性物提取和分离技术，我们可以尽可能地保留海洋生物的天然活性和营养成分，并进一步研究这些成分的护肤功效，开发具有特定功效的功能性化妆品，为消费者提供更加安全、有效的产品，同时为企业带来巨大经济效益。海藻提取物和海藻多糖成分对包括皮肤干燥、色素沉着、皱纹、皮肤敏感炎症在内的多种皮肤问题都具有护理甚至疗愈作用。

然而，虽然我们已知海藻成分的生物活性，但其详细的分子机制和皮肤细胞靶点尚未被完全发现。藻类提取物在化妆品中的生物活性作用，究竟是多种活性分子的联合作用，还是每一种生物活性分子的单独作用？其中的科学机理目前也不甚清楚。因此，我们在海藻活性成分的分子生物学层面的活性机理研究，还有漫长的科研道路等待探索、求证。此外，在皮肤美容配方的配伍性方面，除了活性功效之外，我们还需要综合研究配方的稳定性、安全性、温和性和经济成本，才能够在化妆品工业中发挥海藻活性成分的真正商业潜力。

29

彩妆配方师的 ABC 基本功

我们所用的技术都是现有的，现成的，成功的关键在于组合。

> 在开放式创新以及个性化发展的彩妆产业环境之下，企业领导者与研发人员保持兼容并蓄的开放心态与敢于尝试的勇气，往往比理论知识更为有效和实用。

云山苍苍，江水泱泱。

在这个商品过剩的时代，乐于创新的企业每一次尝试向市场推出新产品，仿佛只是向浩瀚的商品汪洋中注入一滴水而已。面对危机四伏的市场环境，面对如婴儿般稚嫩的上市新品的未知前景，每一次彩妆新品上市的那一刻，我们都会迷茫。

然而古希腊哲学家亚里士多德曾经说过，热爱真理的人在没有危险的时候爱着真理，在危险的时候更爱真理！我坚定地相信：伟大的变革，都是在无数次成功的小创新的基础上积累而成的，在一个个小创新受到模仿而形成的风尚中，隐藏着一次次的高能核聚变般的潜在商机！

基于对彩妆行业创新的深入观察与思考，我拙笔撰写了下文，为关心行业创新与发展的业界专业代表们介绍彩妆产品的创新方法与新趋势，希望能给更多的读者朋友们带来启发与思考。以下从三个方面来总结我对彩妆产品创新的思考。

超级细分的彩妆市场

在人人都有手机、微博、微信的时代，每一个人都成为了传播者，每一个消费者自己就是一个媒体。因此我认为，想让消费者为产品推广按下转发键，要先懂得超级细分的市场消费者的独特个性化需求，从而引发共鸣，使产品产生充沛而无法抗拒的情感力量。例如，过去我们很难想象会存在男士彩妆的市场与消费群，但是今天爱美的男士们同样有强烈的个性化彩妆需求，并且他们完全无法接受使用女性朋友的彩妆，而是更乐于使用更符合男性气质的男士专属彩妆产品。

和其他所有消费品一样，彩妆产品是给人用的。在彩妆市场的激烈竞争中取得成功，我们必须要去了解人本身。但是德国哲学家马丁·海格尔曾经说过：人类是最难了解的对象，而每个人都是一个谜。尽管我们会付出时间和心思去接近、了解与探知每个人的内心世界，但是他们的行为却依然会出人意料。

了解人的心理是困难的，然而我们作为彩妆市场的业内专业人士，因为人类的生理结构是可观察、可测量、可研究的，所以主动去了解不同人群的生理特征却是完全可能的、可行的。

现代彩妆作为一种西方舶来品，最早并没有专为中国人开发的彩妆产品。无论是粉底霜、眼妆、唇妆，还是美甲产品，在中国市场销售的产品配方几乎完全由外资公司从欧美市场原样照搬过来。然而随着逐渐富裕的中国女性消费者的独立与个性化需求的发展，越来越多的企业开始关注对中国女性消费者的研究与细分，并在此基础上推出了越来越多的适合中国女性消费者的中国市场专属的彩妆产品。

例如从人类学的角度，越来越多的企业注意到了东方女性与欧美女性的面部结构差异。由于面部骨骼形状与结构不同，高鼻梁、深眼窝的欧美女性面部普遍立体感强，而相对高颧骨、矮鼻梁的东方女性面部则更加平面化，更容易出现面部油光，因此市场上出现了在控油粉末的基础上开发出的"零油光"的水蜜粉等更多针对东方女性的独特需求的产品。随着越来越多个性化彩妆产品的面世，彩妆市场正在从细分走向超级细分，迭代式地演进、发展着。

彩妆基础技术的发展

美国阿波罗登月计划之父韦伯曾经说过：我们所用的技术，都是已有的、现成的，关键在于组合！与帮助人类登上月球的宇宙飞船技术一样，彩妆产品创新的关键，不在于从零开始的原始技术研发，而在于跨学科的技术组合。我坚定地认为，未来企业的彩妆创新成功之道，也许在于聚集一群创意与技术精英，营造宽松的支持环境与氛围，充分发挥人才的创造力，从而快速感知客户需求，将模糊的消费需求语言转换为可量化的技术问题，从关键技术路径选择与组合的角度，实现跨学科的研发创新，进而创造出具有独特魅力的彩妆精品。

以迈图HARMONIE天然化系列功能油脂为例，该系列不仅为彩妆行业提供了天然来源的无硅油新原料，更为面妆配方、唇妆配方、眼妆配方提供了温和肤感与卓越妆效体验。

2021年天猫双十一，COLORKEY液体唇釉销量超过了YSL固体口红，成为全网唇妆销冠，标志着中国彩妆市场进入了液体唇釉的新时代。与固体口红不同，液体唇釉不仅可以实现更优异的镜面水光唇，还能确保不沾杯的持久妆容；2024年618电商节，唇泥品牌INTO YOU凭借着雾感丝滑的爆款唇泥产品，销量赶超液体唇釉产品，缔造了唇泥新时代！

彩妆研发的新趋势

无论我们未来走得有多远，总会有新鲜事物发生、有新信息进入、有新世界去开发。具备强大创造力、洞察力以及对客户的感知力的企业与创新者正在时刻不断地尝试着改善产品的性能。帮助消费者有效地掩饰皮肤肤色与质地的瑕疵与缺陷，帮助她（他）们以更强的自信心面对生活，更广泛地接触社会、从而提高生活品质，不断提升个体的幸福感与满足感。

以迪奥公司Dior粉色诱惑润唇膏为代表的变色唇膏产品，采用了新颖的水润变色颜料技术。Dior粉色诱惑润唇膏在刚擦上嘴唇时是无色透明的，但是它可以立即感应双唇的含水量，渐变出不同红润效果的靓丽唇色，使双唇看上去清新、丰盈、闪亮。"因你而变"的变色彩妆技术在指甲油产品中也得到了应用。2015年初，在微商渠道热销的伊柏姿变色指甲油产品，采用了温感变色微胶囊技术，可随环境温度变化而变色，为女性消费者打造"因时而变"的绚丽美甲。

在许多文化中，浓密纤长的睫毛被认为是女性性感魅力的象征，因此大多数的女性都希望自己的睫毛更加纤长而浓密。与假睫毛与睫毛膏类产品不同，建立在生物多肽技术上的睫毛增长液类产品，则以天然浓密的"真睫毛"概念得到了越来越多女性消费者的关注。

相对于西方女性，东方女性的睫毛长度短、个数少而且上翘角度小，从而比西方女性更需要功能强大的睫毛增长液产品。Symrise公司的SymPetide睫毛增长剂采用了具有较高生物可利用度的脂质体寡肽（肉豆蔻酰五肽-17），这种新型生物多肽材料可以显著地增强角蛋白基因的表达，有效促进睫毛的生长，在2～4周内使真睫毛显著增长，呈现出自然浓密的效果。

与追求皮肤美白、水嫩、细滑的女性消费者不同，男性护肤品消费者更加关注油光、粗糙与倦容三大肌肤问题，多功能彩妆技术的发展同样也吸引了越来越多男性消费者的关注。在MAC、Dior、Bobbi Brown等传统女性彩妆品牌纷纷推出男性彩妆产品之后，彩妆已不再是女人的专利。以欧莱雅男士极速激活型肤露为代表的专为男士研制的BB霜类产品，不断创新概念与技术，产品不仅质地滋润清爽，而且具有遮盖痘印、瑕疵的良好自然遮盖效果，吸引着更多的男性用户加入彩妆的消费群中。

在人工智能来临的新时代，花西子品牌在2021年推出了同名虚拟形象"花西子"。2022年，京东电商打造的美妆虚拟主播"小美"现身YSL、科颜氏、OLAY、欧莱雅等超20个美妆大牌直播间，成功俘获追求新奇事物的年轻消费者。

以90后、00后为代表的年轻一代消费者，越来越偏好轻松自由的生活方式与简单快速的产品。该款app顺应了年轻一代消费者的需求，能够瞬间捕捉面部64个关键点并快速形成面部特征数据，当消费者选择好唇膏、眼线、腮红等产品之后，消费者可以立刻在手机屏幕上看到自己上妆后的效果，从而实现快速试妆，帮助消费者随时随地试用各种彩妆新品，在确定购买之前快速、高效地找到最适合自己的颜色与产品。

以色列第一位总理戴维·本-古里安曾经说过："所有专家都是现存事物方面的专家，没有人是未来事物的专家。"要客观地预测未来，必须依靠团队中所有专家的力量。当宝洁公司推出pgconnectdevelop.com开放式创新平台的时候，宝洁公司CEO雷富礼先生说过：P&G有8500多名研究员，平均每个研究员可以与至少150名外部合作伙伴甚至消费者保持沟通，因此在我们的外围网络有150万名研发人员，他们有P&G需要的专业知识的情况下，我们为何不利用他们的才智，打造一个开放式的创新平台呢？

爱因斯坦曾经说过，想象力比知识更重要，因为知识是有限的，而想象力概括着世界的一切！笔者认为，在开放式创新以及个性化发展的彩妆产业环境之下，企业领导者与研发人员保持兼容并蓄的开放心态与敢于尝试的勇气，往往比理论知识更为有效和实用。只要勇敢去尝试，总会有收获！如果我们都能够摒弃已知的知识带来的局限，在想象力方面不断超越自我，善于在消费痛点中发现创新机会，我们必将在彩妆市场大有作为，实现基业长青、永续经营！

下
篇

美丽新未来：智能美妆新时代

未来20到30年的人类社会，可能演变成一个智能社会，
其深度和广度我们还想象不到。

30

长寿因子 Klotho 蛋白：应对皮肤 UVB 辐射光损伤的新希望

克洛托，在希腊神话中被称作命运的守护神。

Klotho蛋白的对抗UVB辐射带来的表皮炎症反应的积极作用，为人类未来对与紫外线相关的皮肤病和紫外线防护相关的护肤产品的开发，提供了全新的解决思路和科学新希望！

Klotho蛋白的研究背景

自古以来，从秦皇汉武到平民百姓，从济世神医到神汉巫婆，都试图破解衰老，试图破解生老病死，掌握长生不老的灵丹妙药。随着细胞生物学和分子生物学过去165年的发展，人类在从宏观到微观的生命科学探索过程中，已经取得了前所未有的重大的科研发现成果。今天的分子生物学界，要比过去165年的任何一个御医和巫师都更加了解衰老生物学的科学真相。

希腊神话中有三位命运女神掌管着人类的命运，克洛托掌管着生命线的纺织，拉克西斯负责维护、丈量生命线，而阿特洛波斯则负责剪断生命线。

其中克洛托被称作"命运的守护神"，是一位公正且富有同情心的神灵。于是当科学家们发现了一种"掌握着人的生命线"的蛋白质的时候，就为它赋予了负责守护生命的古希腊女神的名字——Klotho。

拥有如此浪漫名字的Klotho蛋白质究竟如何影响我们的生命衰老过程呢？现在我们就来展开科学探索。

Klotho蛋白，是一种被广泛研究的长寿因子，它随着年龄的增长而下降，其表达水平与衰老过程密切相关。它最初是在对小鼠的研究中发现的，通过转基因过表达或外周给药，能够延长小鼠的寿命。随后的研究发现，Klotho蛋白在人类中也发挥着类似的作用。

Klotho蛋白应对皮肤光损伤的科学新发现

针对UVB紫外线引起的皮肤细胞损伤，来自上海交通大学的研究者们发现：Klotho蛋白可能具有针对UVB紫外线引起的皮肤炎症性损伤的修复作用（图1）。

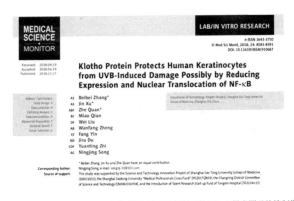

图1 *Medical Science Monitor*：Klotho蛋白对UVB辐射下的NF-κB促炎因子的抑制作用

为了深入了解Klotho蛋白对于UVB紫外线影响下的皮肤光损伤的潜在作用及分子机制，来自上海交通大学的研究者们构建了Klotho蛋白过表达的HaCaT细胞系，并评估了该蛋白对UVB损伤的潜在保护作用。并通过CCK-8、流式细胞术、荧光定量PCR和Western blot等检测方法，评估了UVB辐射暴露对人角质形成细胞HaCaT细胞的影响，如细胞活性、凋亡和相关生物标志物的变化。

NF-κB是一种广为人知的促炎因子，NF-κB控制着炎症、癌症细胞的增殖，肿瘤细胞的生存，侵袭性的生长方式，血管新生和转移，基因的突变，细胞代谢，等等多种细胞生理过程。皮肤细胞生物学的研究发现，UVB紫外线可以触发细胞应激，从而激活皮肤中的炎症反应，其中NF-κB是炎症反应的主要诱导因子之一，无论在皮肤的非免疫细胞还是免疫细胞中。有令人信服的证据表明，UVB辐射也可以通过激活NF-κB炎症小体来引发炎症。

上海交通大学的研究人员推测Klotho可以调控HaCaT细胞中NF-κB的表达和核易位，因此可能与细胞对UVB辐射的反应密切相关。上海交通大学的研究人员构建了Klotho过表达的HaCaT细胞，然后通过分析qRT-PCR和Western blot，首先确定了过表达Klotho细胞株的成功建立；然后在以上细胞株基础上，分别测定了细胞质和细胞核中NF-κB的蛋白表达水平。Western blot的研究数据结果清晰表明：过表达Klothos的HaCaT细胞的细胞质NF-κB显著增加，细胞核NF-κB显著降低。这些数据支持了其假设，并表明Klotho和NF-κB在人角质形成细胞中存在直接关联。

上海交通大学的研究人员检测了不同UVB辐射剂量（$10mJ/cm^2$、$20mJ/cm^2$、$30mJ/cm^2$、$40mJ/cm^2$）在不同暴露时间（24h、48h、72h）下对正常HaCaT细胞的细胞毒性作用，结果显示细胞活性受到显著抑制。在此基础上，研究人员将Klotho过表达的HaCaT细胞暴露于$30mJ/cm^2$的UVB辐射中，研究Klotho对UVB诱导的细胞损伤的保护作用。

研究结果表明，Klotho过表达极大地缓解了细胞生长抑制。此外，Klotho过表达所产生的保护作用与NF-κB抑制剂吡咯烷二硫代碳酸酯（PDTC）（剂量为10μM）的保护作用相当，通过抑制NF-κB的核易位和DNA结合活性来起作用（图2）。进一步的研究表明，暴露在30mJ/cm²的UVB辐射下24h后，NF-κB通过转移到细胞核而变得活跃。与此相反，Klotho蛋白过表达与PDTC处理的结果非常相似，它可以显著有效地减少NF-κB在细胞质和细胞核之间的穿梭。总的来说，测试结果表明，Klotho可以通过直接调节NF-κB的激活，在HaCaT细胞中发挥保护作用，从而减轻UVB辐射下的细胞炎症反应和细胞损伤。

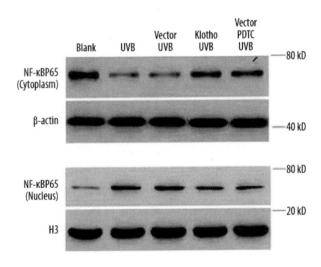

图2　Klotho蛋白过表达降低了NF-κB促炎因子的核易位

　　进一步的活体小鼠实验也证实，UVB辐射处理过的小鼠的表皮颗粒层和棘层明显增厚，炎性细胞数量增加。研究人员通过免疫组化（IHC）染色测定了Klotho蛋白和NF-κB的含量。从结果可以看出，在UVB照射下，Klotho的表达显著降低，而NF-κB的表达显著升高，这一实验结果与上述HaCaT体外细胞实验的发现结论一致。这些数据表明，Klotho蛋白和NF-κB促炎因子存在着直接的联系。

Klotho蛋白的科学启发和联想

已有研究数据证实，到达皮肤表面的UVB辐射中，70%会被角质层吸收，20%会被表皮吸收，还有10%会穿透真皮层最上层的乳头层。大量的UVB辐射会带来皮肤表皮的严重炎症反应：UVB是导致皮肤表皮晒伤的主要因素，UVB辐射会引起皮肤表面发红、发黑、灼热、刺痛，严重时还会引起皮肤起泡和脱皮等严重的皮肤晒伤炎症反应。

来自对长寿因子Klotho蛋白本身的抗衰老国际研究，以及上海交通大学的研究者们对Klotho蛋白对抗UVB辐射带来的光损伤的上述科学机理研究成果，提示了Klotho蛋白的对抗UVB辐射带来的表皮炎症反应的积极作用，为人类未来对与紫外线相关的皮肤病和紫外线防护相关的护肤产品的开发，提供了全新的解决思路和科学新希望！

31

再生医学与皮肤组织工程学进展

皮肤再生医学领域的皮肤再生修复的新材料技术，
将越来越受到关注和期待。

　　皮肤细胞生物学和皮肤再生医学领域，我们对皮肤组织工程修复的最优技术实现方式，还有许多谜题有待解决。

　　人体是迄今为止最为复杂的机器。但与一般的机器不同，人体是具有自我调节能力，能够应对外界压力与挑战的复杂有机体。为了在战斗和运动过程中保护身体免受损伤，在肉眼看不见的人体表皮层之下，人类进化出了一套贴身战袍：细胞外基质（Extracellular Matrix，ECM）。它仿佛人体表面的银色战衣，为体内的所有细胞的生存及活动提供适宜的空间，并通过信号转导系统影响所有细胞的行为（图1）。

　　细胞外基质是由组织中的细胞所分泌并停留于细胞外的一类

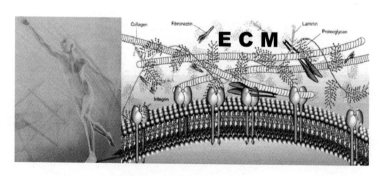

图1　人体细胞外的ECM结构

图片来源：《筋膜：它是什么，何以重要》

产物。大量研究表明，细胞外基质可以针对生物体内的微环境的变化而产生动态响应，影响细胞的行为，并维持着生物体内各组织的稳态。

生物力学研究表明：人体细胞外的ECM结构是以桁架为基础架构的多边形生物张拉整体，它是由连续张力构件（例如：氨基聚糖与蛋白聚糖）与不连续压缩构件（例如：胶原蛋白）组成的张拉整体，它能够承受巨大的外界应力并能保持原本形状的稳定性（图2）。过去二十年的科学研究已经证实，细胞外基质不只是为组织和机体提供力学支持和物理强度。它的刚度和弹性还会广泛影响细胞的所有生物学行为过程，包括扩散、生长、增殖、迁移、分化和类有机物的形成等。

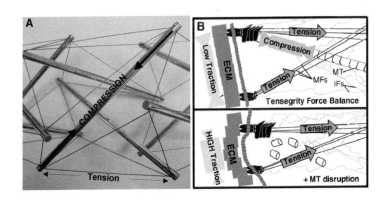

图2　ECM的张拉整体结构

图片来源：*Tensegrity I : Cell structure and hierarchical systems biology*

从再生医学的角度来说，大面积的皮肤溃疡可能对生命造成严重威胁，对于外科手术切口、烧伤、烫伤造成的溃疡以及长期慢性溃疡患者来说，伤口愈合能力与存活率、与生存状态密切相关。与此同时，伤口的愈合速度决定着患者的二次感染、生理疼痛、愈伤疤痕等状况；与急性溃疡相比，由于激光射频美容、注射医学美容、表皮刷酸祛痘治疗、化妆卸妆皮肤损伤等现代化生活方式所带来的皮肤表皮甚至真皮损伤，正在影响着全球数十亿人的生活质量，因此皮肤再生医学领域的安全且高效皮肤再生修复的新材料技术，也越来越受到关注和期待。

人工合成真皮替代物研究进展

人工合成真皮替代物是系采用葡聚糖、透明质酸、胶原等材料合成的真皮基质，比如美国的Dermagraft、Integra以及国内的Lando。目前真皮替代物创面修复技术一般会采用两步法，待第1次手术移植的真皮替代物经2~3周血管化后，再进行第2次自体刃厚皮复合移植。这种修复技术在深度烧伤创面、外伤性全层皮肤缺损创面、瘢痕切除后创面的修复中取得了良好的临床效果。

然而目前临床应用的真皮替代物，并不含有任何的皮肤附属器（皮脂腺、汗腺等）、神经末梢、毛细血管等生理结构，无法真实模拟真皮生发、排汗、感觉等功能，也就不能被称为真正意义上的具有完整皮肤生理功能的全面的真皮结构。基于传统化学交联及物理方法构建的真皮替代物，几乎无法模拟皮肤复杂的细胞、细胞因子、ECM的空间分布，这是导致皮肤附属器及神经血管等结构无法再建的重要因素。三维打印技术的发展，为解决上述难题提供了新的思路。

通过计算机辅助下的生物墨水、种子细胞及活性因子的精准时空打印，已有研究者构建出含Fb、表皮细胞、基底膜及黑色素细胞

的皮肤替代物。在体原位皮肤打印技术也取得了较大进展，研究者
开发出手持式三维生物打印机，实现了小鼠及猪创面模型中的原位
皮肤构建。但当前三维打印人工皮肤技术还处于技术摸索阶段，要
实现真皮的理想仿生还有很长的路要走。

多孔海绵支架技术研究进展

　　多孔支架海绵或空心泡沫的形式的生物组织工程材料通常具有
由随机分布的孔隙组成的互连结构，该结构对皮肤组织再生、血管
化和ECM的沉积具有重要的基础支持作用。影响多孔支架性能的
主要因素有孔隙大小、孔隙率、孔隙连通性和孔隙形态，这些参数
的最佳范围往往取决于生物材料类型和应用部位。

　　当前主要有几种方法：如反蛋白石水凝胶法、冷冻干燥法、高
内相乳液法等，可以通过控制孔径参数来调控多孔支架的部分特
性。有研究团队使用冷冻干燥法，以重组人胶原蛋白和壳聚糖为材
料，将其再与1-乙基-3-（3-二甲基氨基丙基）碳二亚胺交联，制
备了一种孔隙率大于>90%的多孔支架。该研究团队通过体外研究
观察到，可以通过适当增加重组人胶原蛋白浓度或引入壳聚糖来调
整支架的膨胀能力、稳定性和机械性能，并在大鼠全层皮肤缺损创
面模型上证实，这种支架能够通过促进Fb增殖和ECM在创面中的
沉积来加速组织再生。目前来看，虽然使多孔支架达到促进创面修
复最佳效果的孔隙大小等一系列参数尚未明确，但可在仿生正常皮
肤空间结构的基础上，根据所使用的生物材料加以改进。

细胞生物修饰技术研究进展

　　细胞生物修饰是人工真皮支架构建中的重要技术途径，该技术可以有效促进创面愈合和皮肤再生。间充质干细胞（MSC）是目前较为常用的细胞生物修饰选择对象，包括很多彼此不同的细胞类型，其中脂肪来源的MSC（ADSC）能够分化为Fb样表型，产生所有ECM相关生物活性成分，从而可能达到做到完全恢复真皮的生理结构的技术目标。有学者总结了现有研究成果，分析得出将人或鼠源性ADSC嵌入支架中能改善支架性能，增加支架材料的机械强度，将该类支架应用于鼠（包括大鼠、裸鼠等）全层皮肤缺损创面后，缩短了创面的愈合时间。有研究者将人源性ADSC接种在市售ADM（Integra®）支架上，使用HE染色、环境扫描电子显微镜和激光扫描共聚焦显微镜等证实ADSC能被有效地接种在ADM上，并完美融入支架孔隙；且接种了ADSC的ADM的胶原蛋白产量相对于单独的ADM显著提高。目前有更进一步的研究旨在将MSC和ADM与局部药物相结合，制成具有更好的创面修复效果的人工真皮支架。例如，有研究者将噻吗洛尔与MSC嵌入市售ADM（Integra®）后应用于小鼠糖尿病创面模型中，对比单纯应用MSC或ADM，复合支架能增强抗炎作用和促进血管生成，显著提升创面的愈合速度。

生长因子修饰技术研究进展

　　生长因子在创面愈合过程中能有效调控细胞的代谢行为，然而，由于在人体内半衰期短，其临床应用受限。通过将生长因子与适当的生物材料结合应用，有可能可以解决此类问题，同时提升支架性能。生物材料可保护各类生物活性分子，同时可提供网络支架结构，便于组织再生与修复。

富血小板血液制品也可提高生物材料的活性，促进组织细胞的增殖和迁移，两者结合，可以实现协同增效。如PRP包含高浓度血小板，其被激活后可以释放多种生长因子，包括FGF、EGF、血小板衍生生长因子、VEGF、TGF-β。国内有学者合成了一种负载PRP的多肽纳米纤维水凝胶，有效延长了PRP的作用时间，其缓释效果可以持续4d；进一步通过在大鼠全层皮肤缺损创面进行实验，对比分别接受单纯PRP、单纯水凝胶以及负载PRP的水凝胶处理后创面中心区域的毛细血管数量、血流灌注量、细胞增殖情况，证实多肽纳米纤维水凝胶联合PRP可协同促进血管再生，加速创面愈合。

皮肤组织工程学的挑战与机遇

目前的真皮替代物移植后远期抑制瘢痕增生、减轻瘢痕挛缩的效果仍有待进一步研究和发展。此外，由于早期血管化形成不及时，难以维持重叠移植自体皮片的存活机率，常需采用两步法移植方式，不仅延长了患者住院时间、增加了其医疗费用，而且由于创面无法尽快上皮化，从理论上分析也亦增加了瘢痕增生的风险。

再者，对于大面积深度烧伤创面的修复，尚不清楚真皮替代物能否与目前较成熟的修复技术如微粒皮移植、Meek植皮等结合应用，从而扩大植皮面积并改善修复质量尚不清楚。如何进一步改善真皮替代物的理化特性（如孔隙率、渗透性、表面拓扑结构）及生物学特性（如促血管化、预构血管网、提高抗感染性能等）仍是提高其临床应用效果、拓展其应用范围的重要研究方向。

真皮替代物目前仍只能是起到真皮支架和引导真皮重构的作用，并不具备主动诱导组织重建、再生皮肤附属器的功能。当前真皮替代物研发的关键问题主要包括以下几个方面。

创面修复再生基础研究不足：目前对创面修复的认识不够深入，比如为什么胎儿能无瘢痕愈合而成年人不能，为什么小鼠愈合创面能再生毛囊而人类不能，创面愈合不同时期有哪些细胞参与，每种细胞受哪些因子调控，等等。传统研究均采用单个时间点、单个分子、单个空间位置的研究模式，难以还原创面修复过程中整个时空序列下微环境特征及网络化作用关系。因此，融合基因组学、蛋白组学、代谢组学等方法，系统性研究创面修复再生机制，是构建仿生型真皮替代物的基础。

缺乏主动诱导组织修复再生的智能仿生型真皮替代物：创面愈合分为凝血期、炎症期、增殖期及修复重塑期，任何阶段的阻滞均可导致创面延期愈合或重建不良。构建适配创面不同时期微环境特征的智能真皮替代物，并主动调控其向下一阶段发展，可有效促进创面愈合并改善创面愈合情况质量。

近年来，纳米材料的迅猛发展为实现这一目标提供了可能。比如通过纳米包裹的方式，制备环境敏感型智能生物材料，在创面不同pH值、活性氧或金属蛋白酶水平等条件下主动控释微小RNA、细胞因子等物质，从而调控创面炎症反应并促进肉芽组织新生。干细胞在主动改善创面微环境中的作用也得到越来越多的文献支持。目前主流观点认为干细胞主要通过旁分泌各种因子来调控创面炎症反应、促进肉芽组织形成及创面上皮化。脂肪、脐带、胎盘等不同来源的间充质干细胞是目前被认为最有可能实现临床转化的干细胞类型，国外已有相应的上市产品（比如韩国的Cartistem®、欧盟的TiGenix等）被用于治疗膝关节软骨损伤及自身免疫性疾病，但在创面修复领域尚缺乏相应产品。

另外，在材料构建上一些关键性的挑战仍然需要不断探索：如何选择最适合的生物制造方法以模拟皮肤复杂的解剖层次；如何优化多种生物材料组合与性能，以引导细胞生长与分化；如何根据皮肤不同层次的特点，确定种子细胞类型、接种密度及细胞形态。目前在皮肤细胞生物学和皮肤再生医学领域，我们对皮肤组织工程修复的最优技术实现方式，还有许多谜题有待解决，我们期待着在皮肤组织工程的基础技术研究和应用研究方面上，未来可以出现更多激动人心的新发现和新成果。

32

皮肤光学研究新进展

欧洲女性　　亚洲女性

东方女性的面部骨骼框架，与西方女性不同，
因此面部衰老特征也不相同。

细腻、自带柔焦的好肤质，让整个轮廓像中国画留白的卷布，静怡如画，却有着中国线条式平面韵律的美感——这就是结合东亚人骨像皮相特点的面部立体感！

研究背景

从人类学的角度来说，东亚人的面部骨骼框架相比欧洲高加索白人较弱，脸更宽、更平坦，鼻梁较低，同时颧骨突出，下颚骨广泛且角度封闭，眼窝较小，有一定的下巴后缩情况。欧洲人的典型面部特征是V形脸、高鼻梁、深眼窝、高颧骨和窄下巴，在总体上，面部立体感更强（图1）。

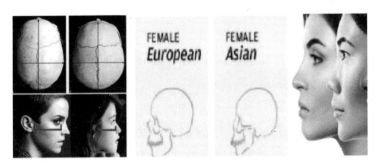

图1　欧洲女性与东亚女性骨骼及面部特征对比

图片来源：必应图片

最近的三十多年以来，受主流西方文化的影响，中国消费者也一定程度上过度追求这种欧美式的面部立体感，例如垫高鼻梁、磨削下颌骨，以及填充脸颊、额头。由此带来的"假面""翻车"，潜在的整形美容医学事故、皮肤屏障受损和术后恢复的问题，也引发了皮肤美容学界的深度思考：更适合东亚人的面部立体感应该是什么样的？

相比盲目追随整形美容和医学美容项目，更有效的变美思路，可能是明确更适合自己的变美收益点是什么。大多数东亚人五官不够大，轮廓纵深感不够，这些与上面所说的面部骨骼结构特点有一定的关系。另外，东亚人有更丰富的面部软组织，随着年龄的增长，胶原蛋白流失，面部松弛下垂，看起来就没有之前那么饱满。虽然整形美容和医学填充美容看似是最直接的解决办法，但在关于注射型医美对于东亚面部应用领域，曾有研究论文指出过：东亚人面部具有独特的解剖特点，需要采取全脸的治疗方法，以获得平衡、和谐、合适的立体感，也就是饱满感，而非臃肿不协调的局部整形和局部填充变美的思路。

我们认为，对于东亚人，整体感是更加重要的，而面部整体评估不单是一个贴近消费者的角度，也是近几年评估科学探索的领域。2023年9月在西班牙巴塞罗那举行的IFSCC国际化妆品科学大会上，资生堂的研发团队就分享了他们的最新研究成果：通过改变不同光源来测量从里向外透光的理想肤质的方法开发。这个面部3D测量系统，根据与脸部形状相关的宏观特性以及基于表面粗糙度的几何异质性的微观特性来区分镜面反射，并量化地揭示了每种光线对亮度、光泽、半透明和暗淡的视觉影响，使得皮肤视觉评估更贴近消费者感知。

人眼感受的皮肤衰老，可以理解为皮肤光学现象带来的视觉结果，主要由皮肤组织的光滑度、透光性、反射率等决定。入射到皮肤上的可见光按照不同的比例被透射、吸收、散射或反射。这些皮肤的光学特性与皮肤内不同的色素含量、皮肤细腻度都密切相关。皮肤表面角质层增厚，真皮老化（如胶原糖化）带来的粗糙、松弛下垂，也会影响整体肤质视觉。

按照皮肤测量学的朗博反射原理（Lambertian Reflector），皮肤表面越粗糙，则皮肤反射光比例越低。角质层厚度及光滑度角质层堆积、增厚、脱屑，会使皮肤表面不光滑，导致皮肤晦暗。同时按照皮肤测量学的迂回效应（Detour Effect）以及筛孔效应（Sieve Effect），可见光线穿越的皮肤介质越浑浊，皮肤的透光性越差，则光程长度越长。因此角质层含水量也会影响皮肤的光泽，光滑含水较多的角质层，会呈现出更多有规则的光反射和更明亮的光泽，而干燥、鳞屑多的角质层以非镜面反射的形式反射光线，使皮肤显得晦暗、无光泽。

消费者常常共鸣的"死亡顶光"，其实呈现出的是一种光线与面部互动后，放大了皮肤的粗糙度、纹路、松弛后的视觉显老的视觉效果。结合皮肤测量学、感官科学，这一洞察也为护肤品开发提供了一个新的产品效果检测思路：利用光与皮肤的互动关系，更直观地评估产品对受试者的面部视觉改善效果。

在新一代的东亚人的皮肤年轻化美容护肤品的研究过程中，来自美尚集团与浙江雅颜生物科技的研究团队，在其产品功效验证中，应用了这一种全新的皮肤光学思路，从配方设计到顶光场景效果验证，试图为中国消费者提供更安全、更有效的抗衰老变美方案。

实验研究过程

1. 测试样品

测试样品为美尚集团与雅颜生物科技有限公司联合研发的，为LEEN LONG玲珑品牌打造的两款抗老面霜（图2），其活性成分有复合四重多肽加多种植物成分。遵循外强韧、抗氧化、修护表皮层，内稳固基底膜、激活胶原，层层协力的机理思路。这一活性物组合用于LEEN LONG玲珑两款面霜产品（丰盈版、轻盈版），不同质地，相同活性物组合，可以更好地适配现在消费者的感官和场景需求。

图2　测试样品和LEEN LONG玲珑面霜

（A）测试时使用的白瓶面霜样品；（B）LEEN LONG玲珑时光初见面霜（丰盈版）；
（C）LEEN LONG玲珑时光初见面霜（轻盈版）

2. 人体功效测试

在人体功效测试中，遵循人体功效测试的追踪前后对比进行试验设计（图3）。受试者连续28天早晚使用测试面霜，对比前后差异，用于判定测试面霜的紧致、抗皱、修护皮肤的效果。受试者共有36名中国女性，平均年龄为43.92岁。

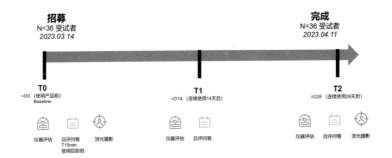

图3　试验流程和关键点数据采集

3. 顶光照片拍摄

顶光照片拍摄在人体功效测试中完成。为了避免其他光源对于拍摄的影响，顶光拍摄在一个封闭、无窗的房间完成。顶光照片在D0和D28，采用同一标准，由专业摄影师操作完成。拍摄时只保留顶光光源，固定并垂直于受试者头顶。

4. 顶光照片感官评估

顶光照片视觉评估由另外37名女性消费者通过感官差异化测试方法，定向多感比较的双区间强制选择，包括无差别选项方法（directional 2-AFC with no difference choice），对于同一个人两组图片的不同感官维度进行选择，共五个维度，分别是皮肤细腻度、肤色均匀度、轮廓流畅度、面部饱满度、整体年轻度。感官差异化数据分析使用Thurstonian模型，判定对比同一个人、两个时间点（D0，D28）在感官维度上是否有显著性差异。

结果与讨论

全部36名受试者完成了28天的产品使用和回访功效评估。在T15 min、D14、D28，100％的受试者认同产品温和不刺激，100％认同无不良反应。

1. 功效结果

受试者连续使用测试面霜28天，在修护、紧致、祛皱维度都有显著性提升（表1）。同时消费者自评反馈，所有维度都达到85％以上的认同度。

仪器指标	对应功效维度	显著性，P值	改善率
经表皮失水（TWEL）	修护	≤0.001	-11.33％
皮肤泛红指数	修护	≤0.001	-12.23％
皮肤弹性（R2）	紧致	≤0.05	-2.69％
紧致度（变化F4）	紧致	≤0.001	+23.74％
皱纹长度	祛皱	≤0.001	-7.46％
皱纹深度	祛皱	≤0.001	-10.53％

表1 受试者28天临床表征变化，对比T0（D0）和T2（D28）各指数的显著性变化

注：P≤0.05，改善率为（T2-T0）/T0×100％。

2. 自带柔焦的细腻肤质

根据消费者对于总体每组照片的感官差异明显程度，从大到小进行排序，依次顺序为皮肤细腻度、肤色均匀度、轮廓流畅度、面部饱满度。

研究团队发现，在顶光下，D28的肤质提升相比D0，视觉层面

变化与柔焦灯对比顶光带来的效果趋势一致，都展现为皮肤纹路更加不明显（皮肤细腻度）、肤色更加均匀、面部轮廓更加流畅，以及更大面积的视觉亮面区域（面部饱满）（图4）。

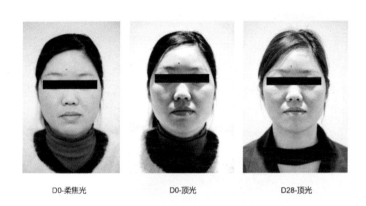

D0-柔焦光　　　　　　D0-顶光　　　　　　D28-顶光

图4　受试者在柔焦光（D0）、顶光（D0）和顶光（D28）下的照片

细腻的皮肤表面能够更均匀地散射光线，这意味着皮肤的高光和阴影过渡更加柔和。粗糙的皮肤可能导致光线不规则反射，面部会出现强烈变化，在视觉上给人感觉影响面部流畅度。另外，细腻的皮肤可以使皮肤的色彩更加饱和、减少灰调暗沉，呈现出肤色更均匀白皙的视觉效果；同时细腻的皮肤可以使得肤色看起来更加均匀和连贯，也会使得整个面部看起来更加饱满。综合以上视觉改善效果，给人整体的感觉是在使用产品28天后，对比使用前，受试者整体看起来会更年轻，这也与感官测试的结果吻合。

3. 结论与展望

上述试验证明，使用测试面霜28天后，受试者不但有皮肤仪器指标上的显著性改善，证实了面霜的修护、紧致、祛皱功效，并且其结果与受试者自评感受一致。另外，通过顶光场景和感官方法，更加直观地展现和验证了使用测试面霜达到的整体年轻度提升，包括皮肤细腻度、肤色均匀度、轮廓流畅度和面部饱满度的改善。

顶光视觉表现不单是一个消费者有共鸣的场景，更给护肤品场景化视觉评估提供了一个方向。利于皮肤光学原理，可以适当放大皮肤状态差异导致的整体面部视觉变化。2-AFC作为感官差异性分析的常用方法，更提供了一个客观的方式来判定视觉变化的显著性，让评估更贴近消费者的体验。

展望未来，随着国人的文化自信提升，女性力量的崛起，越来越多的中国女性消费者意识到美商和抗老的重要性，在原生态的基础上，找到自己的变美收益点，美得既高级又有特色。而细腻、自带柔焦的好肤质，让整个轮廓像中国画留白的卷布，静怡如画，却有着中国线条式平面韵律的美感——这就是结合东亚人骨像皮相特点的面部立体感！

致谢

感谢摄影师胶卷哥（小红书）为此次研究提供专业、统一的受试者照片，以及美尚研发团队对此次研究的支持。

33

白发变黑的新希望：
黑色素干细胞的衰老新机理

急性应激压力，会快速消耗黑色素细胞干细胞，从而导致一夜白头。

恢复McSC的运动迁移能力，并且尝试采用物理方法将它们移回生产黑色素细胞的底部毛基质区域，从而研究并测试是否可以让白发重新变回黑发。

乌黑秀发的科学之源

君不见，高堂明镜悲白发，朝如青丝暮成雪。

头发变白是人体衰老过程中最早生理现象之一，而且除了染发之外，通常头发变白后很难自然逆转。通常来讲，随着年龄的增长老化，人头发会逐渐变成白色。东亚人大约在接近40岁时就会开始出现白发；到了50岁，有50%的人会长出白发。一般鬓角最先开始出现白发，然后是头顶部，最后是枕部区域。甚至在极端的情况下，像白毛女一样"一夜白头"的情况，也并不少见。为什么人的头发会变白呢？如果不用染发剂，人体的白发还有可能变黑吗？

科学研究表明：在人体毛发组织中有两种最重要的生长干细胞：一是毛囊干细胞，负责分化生成角质细胞，它们负责帮助人体在头皮上长出头发；二是黑色素干细胞（Melanocyte Stem Cells，McSC），负责分化出黑色素细胞，它们负责给头发上色。在毛囊干细胞和黑色素干细胞的紧密配合和同步协作之下，我们的角质细胞每天会长出约0.3毫米的头发，黑色素细胞则每天负责为这新长出来的约0.3毫米的头发刷上颜色，勤勤恳恳，日复一日，年复一年。

决定头发颜色的黑色素就源于黑色素干细胞（McSC）。McSC

和其他干细胞一样可以持续自我扩增。当它们在毛囊中获得足够的信号（例如Wnt信号）刺激时，就会从原始的干细胞状态向成熟状态转变，分化产生成熟的黑色素细胞，从而制造色素蛋白，给新生的毛发带来颜色，为人类奉献一头"乌黑秀发"。

白发产生的科学机理

2020年1月22日，许雅捷教授、张兵博士获得了国际知名学术期刊《自然》2020年度十大科学发现大奖，同时其论文还被评为2020年度《自然》最受关注的论文。他们在《自然》发表的获奖论文题目是"Hyperactivation of sympathetic nerves drives depletion of melanocyte stem cells"。该研究论文认为，交感神经系统在压力应激下会变得高度活跃，并导致黑色素细胞干细胞耗竭，以此揭示压力导致白发的具体原因。该研究论文认为，在小鼠动物试验研究中，急性应激压力（Acute Stress）通过快速消耗黑色素干细胞（Melanocyte Stem Cells）使头发变白。

有意思的是，一般来说，国际科学界通常认为：在哺乳动物组织中，成体干细胞是静止不动的，它们会稳定地停留在自己的固定生态基础位置上，产生名为转运扩增细胞（Transit-Amplifying Cells）的过渡期细胞，然后由这些过渡期的转运扩增细胞，来完成后续的增殖和迁移工作，奔赴需要再生力量补充的生理组织。

在张兵博士的上述获奖研究成果中，McSC的正常状态被认为是静止的，如果McSC发生物理位移，被认为可能是一种自杀式的耗竭死亡行为。然而在2023年4月19日，纽约大学格罗斯曼医学院Mayumi Ito教授团队在《自然》期刊上发表的最新科学研究论文

Dedifferentiation maintains melanocyte stem cells in a dynamic niche
却完全颠覆了科学界的"干细胞是静止不位移的"传统观点。该研究发现McSC具有在毛囊生长区来回移动的能力，并且随着衰老的持续，这些干细胞会被"困住"，无法移动，从而失去了维持头发颜色的能力，进而导致头发变白。

上述论文研究发现：McSC栖居在毛囊的隆突区（Bulge）和毛基质。在毛发生长的静止期，McSC的确安静停留在隆突区和毛基质区域，然而当进入毛发生长期之后，McSC竟然开始向下移动了，并且随着毛发生长期的进行，McSC会下沉到生长中的深层毛囊的最底部，并且在下一轮毛发生长期启动时再次向上移动，回到原有的隆突区。该研究发现，McSC会在毛囊中的微小区域之间来回移动，每个区室可能给予MsSC稍微不同的蛋白质信号，这允许细胞在不同的成熟水平之间振荡，这在很大程度上颠覆了对干细胞运作方式的传统科学认知。

以上研究团队发现，控制毛发颜色的McSC干细胞，在毛囊中存在一种颠覆了"干细胞是静止不迁移"的传统科学观点、过去并不为人所知的特殊的移动能力，并且随着年龄增长，这种干细胞居然又会被"堵"住而无法移动。随着毛发一次次地老化、脱落、再生长，McSC数量越来越多，最后被堵在了毛囊的隆突区而无法继续迁移。

当毛囊干细胞激发头发生长的时候，原本应该与毛囊干细胞共同工作的McSC干细胞却因为衰老而"步履蹒跚，难以移动，脱离岗位"的"旷工"情况。最终的结果是头发生长了，但是上调迁移去了隆突区的McSC干细胞却无法返回工作岗位，因为"旷工"，无法再产生黑色素细胞，所以无法为新生长出来的头发"染上"足够的黑色素，结果，衰老之后的头发就变成了灰白色了。这一发现不仅解释了毛发会随着衰老而变白的潜在科学机理，研究人员甚至还提出了让白发变黑的潜在科学思路：设法疏通"堵"住的McSC干细胞！

研究团队利用先进的三维成像等技术，长时间追踪观察小鼠单个毛囊中的McSC的迁移行为。发现在正常的毛发生长周期中，McSC干细胞在毛囊区间会有规律地上下移动。而这种位置的变化非常重要，因为它们接触到的影响其成熟度的外源蛋白信号不一样，于是McSC可以在干细胞和过渡扩增的中间状态之间丝滑切换。相比之下，构成毛囊本身的毛囊干细胞却完全没有这种来回移动的情况，而是只会在成熟时沿一个方向向上移动，且不会再退回到原始干细胞状态。研究团队还发现，随着年龄的增长，随着头发周期性地生长和脱落，越来越多的McSC被卡在隆突区这一特殊区域。毛囊的膨胀并没有给这些McSC发出成熟的信号，也没有把McSC送回毛囊底层可以使它们发育成熟的区域。

白发变黑的科学新希望

全新的科学发现，可能来自全新的实验观测技术。当我们采用全新实验观测技术去重复旧有科学实验，可能产生更多颠覆性的科学发现，McSC的这种"时光穿梭机"一般的来回迁移的行为，以及因为衰老而停下迁移脚步的科学新发现，就是三维成像技术的最新科学发现成果。上述研究论文发现：在进入毛发生长期，McSC就开始迁移分化了，表达分化标记，形态上会开始变化成黑色素细胞的树突状外观，并出现了成熟黑色素细胞的部分特征。

　　人类和小鼠的毛发普遍都会随着衰老而褪色变白，其原因可能就是McSC丧失了来回移动和变化的能力。与小鼠类似，人类的McSC可能也在同样的固定位置来回移动的生理机制。Mayumi Ito教授认为："McSC的运动和可逆分化是保持毛发健康亮泽的关键。"

　　研究团队表示，他们已开始尝试研究恢复McSC的运动迁移能力，并且尝试采用物理方法将它们移回生产黑色素细胞的底部毛基质区域，从而研究并测试是否可以让白发重新变回黑发。对于上述研究团队的未来科研成果，我们拭目以待！上述具有里程碑意义的白发形成科学机理的发现，给人类衰老过程中的头发变白问题的医学解决方案提供了新思路、新希望和潜在的新途径！

34

皮肤微生态药物制剂的新突破

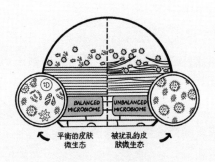

平衡的皮肤　　被扰乱的皮
微生态　　　　肤微生态

当皮肤菌群生态系统保持平衡且皮肤菌群多样化时，
皮肤才能保持健康。

从皮肤外用产品的角度，未来我们完全有可能通过直接添加益生菌活体添加剂，来增强皮肤防御、改善皮肤健康，这种新技术的发展潜力巨大。

我们已经知道，皮肤表面拥有庞大而复杂的微生物生态系统，它们与免疫系统相互作用，共同调节皮肤的健康。哈佛大学基因组学家布鲁斯·比伦说过："我们每个人都不是单一的生命个体，而是一群生物的集合体。"据相关统计，人体平均每一平方厘米的肌肤，就有超过10万只活体微生物，一个成年人体内及体外的细菌总数量超过1兆个。

2023年4月13日，斯坦福大学迈克尔·菲施巴赫团队在国际顶尖的学术期刊《科学》上在线发表了题为 *Engineered skin bacteria induce antitumor T cell responses against melanoma* 的科学论文（图1）。该论文发现，对表皮葡萄球菌进行功能化改造之后，新型的表皮葡萄球菌能诱导产生肿瘤特异性T细胞，该T细胞成熟后具有减少局部和转移性黑色素瘤生长的作用，可能实现抑制黑色素瘤的临床功效。该研究为黑色素瘤的临床治疗提供了具有治疗意义的微生态药物制剂的新可能！

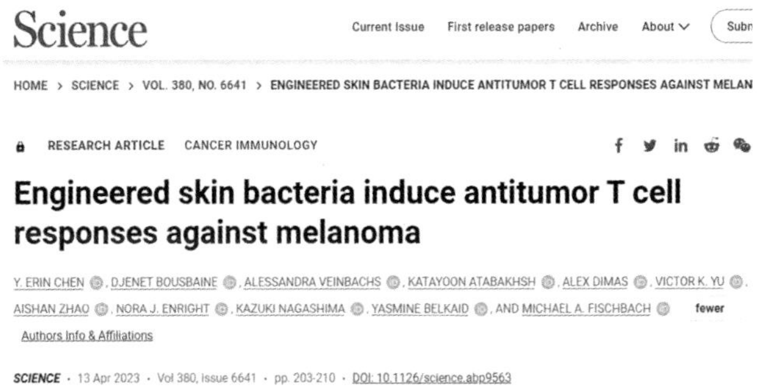
Science Current Issue First release papers Archive About Subn

HOME > SCIENCE > VOL. 380, NO. 6641 > ENGINEERED SKIN BACTERIA INDUCE ANTITUMOR T CELL RESPONSES AGAINST MELAN

RESEARCH ARTICLE CANCER IMMUNOLOGY

Engineered skin bacteria induce antitumor T cell responses against melanoma

Y. ERIN CHEN, DJENET BOUSBAINE, ALESSANDRA VEINBACHS, KATAYOON ATABAKHSH, ALEX DIMAS, VICTOR K. YU, AISHAN ZHAO, NORA J. ENRIGHT, KAZUKI NAGASHIMA, YASMINE BELKAID, AND MICHAEL A. FISCHBACH fewer

Authors Info & Affiliations

SCIENCE • 13 Apr 2023 • Vol 380, Issue 6641 • pp. 203-210 • DOI: 10.1126/science.abp9563

图1 “*Engineered skin bacteria induce antitumor T cell responses against melanoma*”的网页

图片来源：《科学》期刊官方网站

什么是皮肤微生态？

人体皮肤的表面积约为2平方米，如果将毛囊和汗腺的面积计算在内，人体总表面积可能达到25平方米。在这样一个人体最大的器官上，常见的已知的微生物数量大约为每平方厘米10万个以上，它们与皮肤宿主共同构成了一个微型的“生态系统”，被称为皮肤微生态系统。

每个成年人体内及体外的细菌数量超过1兆个，总质量高达1.5公斤左右。数以万亿计的细菌、真菌、病毒、古细菌和小型节肢动物定植于皮肤表面，共同构成皮肤微生物组。皮肤微生物组与皮肤表面的角质层组织、皮脂分泌物、微生物生长环境等共同构成了皮肤微生态系统。皮肤微生态的多元化平衡，对皮肤的健康至关重要。皮肤的微生物群在正常情况下，与我们的皮肤组织和谐共处，不会引起炎症或感染。然而当皮肤微生态系统失去平衡，就可能引发皮肤炎症和疾病。

皮肤的微生物群通常分为常驻菌和暂住菌。常驻菌属于一组相对固定的微生物，通常在皮肤中被发现，并在扰动之后可以重新恢复平衡。常驻菌通常被认为是与皮肤共生的，这意味着这些微生物是无害的，并且可能对宿主有益。皮肤表面的暂住菌不会在体表永久定居，而是仅能在环境中存在数小时至数天。如果保持适当的卫生，并且正常的常驻菌群、免疫反应和皮肤屏障功能完好无损，常驻菌和暂住菌在皮肤健康条件下不会致病。

然而，在微生态平衡环境改变之后，常驻和暂住的细菌种群可能发生增殖并引起疾病。例如，表皮葡萄球菌是一种皮肤共生菌，但在免疫功能低下的宿主中，可能变成一种机会性的病原体。此外，金黄色葡萄球菌可能是无症状携带者的常驻微生物，也可能是重要的病原体。

不同类型的皮肤微生物组具有完全不同的生理作用。例如油性皮肤与干性皮肤、面部皮肤与足部皮肤等不同类型、不同部位的皮肤，都拥有着多样化的微生物生态系统。皮肤表层的细菌可以与细胞相互作用，分泌抗菌肽或产生抗炎物质，加强细胞间的紧密连接、加固皮肤屏障、训练免疫系统；而金黄色葡萄球菌则可能产生破坏表皮屏障的酶，分泌引起免疫反应的分子，刺激肥大细胞损伤皮肤。

总体来说，皮肤微生态系统对于皮肤健康具有以下生理作用：

（1）维持皮肤稳态的自我调节作用：皮肤微生态系统可以参与皮脂代谢，形成脂质膜，游离的脂肪酸会形成一层酸膜，酸性环境可以维持肌肤屏障的稳定，抑制外来有害微生物的生长，因此皮肤微生物群有助于皮肤的屏障功能并确保皮肤稳态。

（2）营养作用：皮肤表面微生物系统可以降解角质细胞、皮脂，同时产生维生素、氨基酸，使皮肤吸收，促进细胞生长，改善细纹、延缓衰老。

（3）防御作用：皮肤表面微生物可以通过主动或被动机制保护宿主细胞，帮助皮肤分泌抗菌肽，同时皮肤共生菌直接分泌抗菌肽，通过直接和间接的双重作用，增强皮肤的固有防御能力，抵御致病微生物和机会致病菌入侵，防止感染。

（4）促进皮肤伤口修复作用：皮肤共生生物与免疫系统不断交流，因此也参与伤口愈合，表皮葡萄球菌的存在被认为是与通过调节性CD8T细胞募集而对共生细菌具有特异性的非常规修复机制相关的积极因素。

工程化改造的表皮葡萄球菌对黑色素瘤的抑制作用

当研究者将工程化改造菌后的表皮葡萄球菌定植到小鼠皮肤上之后，可以激活特异性的T细胞反应，除了CD8+T细胞，CD4+T细胞也开始表达针对黑色素瘤抗原的受体，从而产生对黑色素瘤的抑制作用（图2）。而种植野生型表皮葡萄球菌的对照组的小鼠体内，只会产生针对细菌抗原的T细胞。除了T细胞的差异，两组小鼠的肿瘤大小实实在在地逐渐拉开了差距。与对照组相比，拥有改造菌的小鼠黑色素瘤生长速度大幅下降，除此之外，肺转移灶中的癌细胞也会受到攻击。更加奇妙的是，研究人员发现，该菌株在皮肤定植时诱导产生的肿瘤特异性CD4+和CD8+T细胞两种免疫细胞，会迁移到远端皮肤部位和肺部，并表现出强大的抗肿瘤活性。

研究人员发现：改造共生微生物的这种微生态工程方式，可能是一种更安全、简单的抗癌治疗手段。因为工程化改造菌的定植不

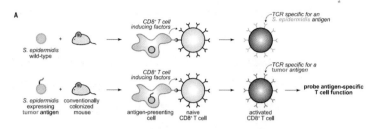

图2　工程化改造菌后的表皮葡萄球菌，激活了抑制黑色素瘤的特异性的T细胞反应

图片来源:《科学》期刊官方网站

会引发皮肤感染，也不需要向肿瘤内部透皮递送，因此实验小鼠并没有产生任何其他炎症或排斥反应。除此之外，相比于体外制剂的T细胞工程或者肿瘤疫苗，在人体皮肤表面生产表皮葡萄球菌会更加简单易行。综上所述，本科研发现很有可能为皮肤肿瘤治疗提供一种新策略。研究人员计划，在未来测试更多其他类型的肿瘤细胞，并且关注其与现有免疫疗法的联合治疗、协同治疗作用。

皮肤微生态制剂技术的未来前景

自从2009年美国首先启动"人类微生物组计划"国家战略以来，国际科学界在肠道微生物组和皮肤微生物组的研究上都取得了丰硕的成果。皮肤微生态的重要性，体现在整个微生态体系的动态平衡上，当人体的皮肤、环境和菌群处于不协调的状态时，皮肤就会拉起警报，呈现出皮肤问题甚至产生皮肤疾病。在微生态平衡或者说菌群平衡的状态下，各种皮肤问题和疾病才不会出现，调节微生物菌群是最有效的护肤研究、应用方向之一。雅诗兰黛、欧莱雅、迪奥等国际知名化妆品公司，都已经开始布局微生态美容护肤。

2019年，欧莱雅发布"肌肤微生态"研究报告，公布了欧莱雅在皮肤微生态领域15年的科研进展，其中包括对头屑、老化、干燥皮肤、敏感皮肤、油性皮肤、痤疮等12个细分领域的超过57项临床研究，正式提出"微生态护肤时代已经到来"的观点。欧莱雅用已经掌握的调控可促进有益菌生长的"益生元"、微生态代谢副产物"后生元"的方法，来改善湿疹和头屑等问题，并应用于产品。

近几年来，也有多家微生物组公司获得巨额融资。2020年9月，Finch Therapeutics完成9000万美元D轮融资；10月，Vedanta Biosciences公司获得了7600万美元投资，同月Azitra公司获得拜耳领投的1700万美元B轮融资；11月皮肤微生物组公司DERMALA完成673万美元融资。2021年2月，中国企业"蓝晶微生物"也完成了近2亿元人民币的B轮融资。

人体皮肤是一个复杂的生态系统，具有各种微环境，还有许多共存的微生物。当皮肤菌群生态系统平衡且多样化时，皮肤就会保持健康。皮肤微生物群的多样性和状况取决于性别、年龄、季节、种族以及包括生理创伤和心理焦虑在内的各种压力因素，这些因素会促进皮肤内分泌和代谢的变化，直接影响皮肤的健康。皮肤微生物组主要受气候（包括温度和紫外线）以及生活方式（包括酗酒或营养）等因素的影响。

理论上来说，活的益生菌是能够在化妆品中发挥作用的，虽然我们目前依然使用灭活的益生菌作为化妆品添加剂。因此，从皮肤外用产品的角度，未来我们完全有可能通过直接添加益生菌活体添加剂，来增强皮肤防御、改善皮肤健康，这种新技术的发展潜力巨大。我们对微生态技术的未来充满信心，拭目以待！

35

餐桌上的隐形人：
绿色化妆品的未来

来自化妆品中的不可降解的塑料微粒，
可能被海洋食品带回我们的餐桌，从而威胁人体健康。

　　个人护理品原料和成品生产企业积极行动起来，主动加快塑料微粒磨砂产品替代技术的研发、生产与推广，为保护水环境和人体健康作出更大贡献！

　　故事的起源，是2015年10月29日刊登在《科学美国人》上的一篇报告，报告发现，从各地超市购得的食用盐中，发现了塑料微粒和塑化剂等致癌物质。

　　研究发现，这些塑料微粒和塑化剂来自我们每天使用的磨砂洗面奶和沐浴露。它们通过下水管道排入河流与大海，然后在海盐和水产采集捕获过程中又通过食盐和海鲜产品重新回到了餐桌。

　　海盐是微塑料污染的重灾区，这些塑料微粒的主要成分是聚乙烯以及塑化剂等添加剂，化学结构稳定，不容易降解。研究人员在1磅（约0.45公斤）海盐中发现了1200多粒塑料微粒，同时在盐湖、盐井和盐矿的食盐中也发现了塑料微粒，含量为15~800粒/磅。

　　塑料微粒影响的另一对象是鱼类。比利时根特大学的研究员发现，进入海洋的塑料微粒与海洋滤食动物的繁殖周期有着密不可分的联系。因为这些直径为50~5 000微米的塑料微粒的尺寸与浮游生物接近，所以非常容易成为海虫、鱼类、贝类和虾蟹的食物，并在它们体内积聚，每2克贝类组织中就有2个塑料微粒。加利福尼亚西南渔业科学中心的乔尔·范·诺德发现，生活在菲律宾海的灯笼鱼中，有40%的胃里有塑料微粒。

　　研究表明，这些不可降解的塑料微粒和塑化剂主要来自大众每天使用的洗面奶产品和沐浴露产品中具有去除皮肤表面老化角质层、提高皮肤清洁效果的直径为50～5 000微米的皮肤磨砂粒子：聚乙烯、聚丙烯以及其中添加的塑化剂。

必须澄清的是，关于这些通过食盐和海鲜品已经进入人体的塑料微粒对人体是否存在潜在危害以及危害程度如何，该报告并没有给出结论，只是客观陈述这些塑料微粒对人体是否存在安全影响尚不明确，有待进一步研究。

尽管塑料微粒对人体健康的影响还没有明确的科学结论，但是因为涉及水资源污染且可能涉及人身健康危害，美国国会和政府迅速采取了行动。2015年12月，美国总统奥巴马签署了法案Microbead-Free Waters Act of 2015，禁止在美国国土境内生产和销售含有任何塑料微粒的洗面奶、沐浴等个人护理产品，该方案的过渡期为1.5年，正式实施日期是2017年7月1日。

有责任感的企业也立刻积极行动起来了，着手研究采用可降解的天然磨砂粒子全面替代塑料微粒。玫琳凯计划从2017年开始加速推出基于天然磨砂技术的新产品，全面推进采用杏仁壳粉等天然无健康危害的磨砂粒子，作为行业先行者，全面迅速地消除塑料粒子，以保护河流、海洋环境及人体健康。

植物学家的研究成果已经对塑料微粒问题提供了解决方案：美国植物学家温迪·斯特林经过研究后认为，一些天然磨砂粒子既具备良好的生物降解性，又具有良好的皮肤相容度，温和而不刺激皮肤，如天然玫瑰木粉、喜马拉雅山脉矿物盐粉、竹子粉、有机燕麦粉、有机蔗糖粉等。

来自波兰的防弹纺织技术科学家，则利用防弹材料技术，研发了纳米微纤科技，成功研制了"清水卸妆，肌肤无忧伤"的微纤卸妆巾，以革命性的科技突破，成功打造了全球最温和的洁面卸妆产品。

虽然中国新华社旗下的参考消息以及腾讯新闻网刊发了《科学美国人》的有关报道，然而多数中国人对以上这个发生在地球另一面的涉及食品安全问题的报道却毫不知情。中国存在的环境危害和食品安全问题，并没有被重视。

塑料微粒的环境与食品安全影响问题，并不是什么无法攻克的尖端科学难题。我们相信，会有更多有责任感的个人护理品原料和成品生产企业积极行动起来，主动加快塑料微粒磨砂产品替代技术的研发、生产与推广，为保护水环境和人体健康做出更大贡献！

36

人类的希望: mRNA 疫苗技术对精准护肤科技创新的启示

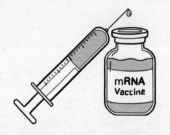

mRNA 疫苗包裹技术在靶向进入人体细胞方面的巨大突破,将为皮肤科学的透皮给药途径, 提供更多创新解决方案。

改善进入衰老状态的成纤维细胞，进一步激活胶原蛋白生物合成、维持角蛋白结构、紧致和提拉皮肤，同时优化黑色素细胞代谢过程，提亮、改善肤色。

基础研究往往是需要披荆斩棘而非乘风破浪的，因为科学家们也无法预测出这种技术在未来什么时候才能派上用场，但科学的奇迹往往在那些不经意的细节中被发现。mRNA疫苗技术最早的应用方向是艾滋病疫苗研究。在SARS和MERS等冠状病毒疫情爆发后，其应用方向被逐渐转移到冠状病毒研究中。

延续三年的新冠疫情，不仅让mRNA疫苗技术迎来了新时代的契机，并且拯救了无数人的生命，让曾经非常冷门的mRNA疫苗技术被大众所熟知。

mRNA疫苗是什么，有何独特之处？

mRNA（Messenger RNA），即信使RNA，是携带编码蛋白遗传信息的单链RNA，是由DNA的一条链作为模板转录得来的，能够携带遗传信息，并且能指导蛋白质合成的一类单链RNA。通俗来讲，在细胞内，mRNA指导单个氨基酸按特定序列组成蛋白质，是细胞内"蛋白工厂"生产的"作业指导书"。mRNA复制了细胞核中双链DNA的一条链的遗传信息，随即离开细胞核，在细胞质中生成蛋白质。在细胞质中，核糖体沿着mRNA移动，读取其碱基序列，并翻译成相应的氨基酸，最终形成蛋白质。

mRNA疫苗是将带有疾病特异性抗原的mRNA引入体内机体细胞，利用宿主细胞的蛋白质合成机制产生抗原，从而触发免疫应答，通常根据不同疾病构建特异性抗原的mRNA序列，由新型脂质纳米载体颗粒（LNP）包裹运送至细胞内，再利用人体核糖体翻译mRNA序列产生疾病的抗原蛋白，刺激机体产生特异性免疫学反应，从而使机体获得免疫保护的一种核酸制剂。

新冠疫情的爆发，使mRNA疫苗技术受到极大的关注。迄今为止，全球mRNA技术有47%应用于传染病领域，30%应用于肿瘤治疗领域，17%应用于蛋白质替代以及基因治疗。

那么，与传统疫苗相比，mRNA疫苗有什么独特之处呢？

第一代传统疫苗使用最为广泛，主要包括灭活疫苗和减毒活疫苗。灭活疫苗是指先对病毒或细菌进行培养，然后用加热或化学剂将其灭活的疫苗；减毒活疫苗是指病原体经过各种处理后发生变异、毒性减弱，但仍保留免疫原性的疫苗。灭活疫苗接种到人体内之后，不会引起疾病，但病原体可在机体内生长繁殖，引发机体免疫反应，起到长期或终生保护的作用。

第二代新型疫苗包括亚单位疫苗和重组蛋白疫苗。亚单位疫苗是采用致病菌主要的保护性免疫原存在的组分制成的疫苗，即通过化学分解或有控制性的蛋白质水解方法，提取细菌、病毒的特殊蛋白质结构，筛选出的具有免疫活性的片段制成的疫苗。重组蛋白疫苗是采用在不同细胞表达体系中产生的抗原重组蛋白制成的疫苗。

第三代前沿疫苗包括DNA疫苗和mRNA疫苗，是将编码某种抗原蛋白的病毒基因片段（DNA或RNA）直接导入动物体细胞内（将疫苗注射到人体），并通过宿主细胞的蛋白质合成系统产生抗原蛋白，诱导宿主产生对该抗原蛋白的免疫应答，以达到预防和治疗疾病目的的疫苗。两者的区别在于DNA是先转录成mRNA再合成蛋白质，mRNA则直接合成。

mRNA疫苗是将外源靶抗原的基因序列通过转录、合成等工艺制备的mRNA通过特定的递送保护系统导入机体细胞，通过在体内表达目的蛋白，刺激机体产生特异性免疫学反应，从而使机体获得免疫保护的一种核酸制剂。例如新冠病毒mRNA疫苗，是将被纳米脂质体包裹的新冠病毒的外壳（刺突糖蛋白）的编码mRNA直接注射进入人体，在人体内合成刺突糖蛋白，并通过它模拟病毒感染来刺激人体免疫系统产生抗体和记忆细胞。

mRNA的制备通常包括以DNA为转录模板进行mRNA体外转录、mRNA加帽、去磷酸化、DNA酶处理、mRNA纯化等步骤。其中加帽可在转录过程中进行，也可作为单独的步骤在转录后进行；mRNA核苷酸修饰、加Poly（A）尾通常在转录过程中进行。

从1961年发现mRNA算起，人类花费了约六十年时间才终于将mRNA应用于临床，这主要是因为mRNA是带负电荷的长链大分子，与同带负电荷的细胞膜存在静电排斥作用，难以进入人体细胞；并且mRNA分子是单链的，本身极为不稳定，很容易被酶降解，难以稳定地被递送进入人体细胞内编码蛋白。裸露的mRNA分子无法安全抵达人体细胞内编码区，以及酶降解和膜屏障等重重阻碍，使mRNA疫苗技术的发展徘徊不前。mRNA疫苗研发来之不易的技术突破，是数百位科学家近20年来默默耕耘和通力合作的丰硕果实。

mRNA疫苗的封装制剂技术

将mRNA疫苗精准递送进入人体的"幕后英雄"，甚至可以说是mRNA疫苗免疫机理的关键所在，是将mRNA稳固封装并且安全有效地送进机体细胞的脂质纳米颗粒（Lipid Nanoparticle，LNP）。

mRNA分子非常不稳定，很容易被酶降解，因此在全身给药时须保护其不受胞外血清中的RNA水解酶（RNAse）影响，从而保证mRNA可以顺利到达靶细胞。这就要在递送mRNA时将其包裹在密封载体内，从而避免其被酶水解。

使用脂质体（Liposome）递送mRNA的研发活动可以追溯到20世纪70年代。早在1978年，研究人员就在体外实验中证明，使用脂质体可以将mRNA递送到细胞中。脂质分子是一种同时具有亲水性和亲脂性的两亲分子，它包含着一个极性头部基团和一个疏水的"长尾巴"。这一特征能够帮助携带负电荷的mRNA分子穿越细胞膜。

脂质及其衍生物凭借其低免疫原性、生物相容性及对于mRNA较高的包封率，成为近年来备受关注的mRNA疫苗的新型递送系统。基于脂质载体的递送系统能够包裹mRNA分子，包封率较高，可以保护mRNA免受酶降解。另外脂质载体通常会含有对mRNA细胞内转运有利的重要的功能性脂质成分。这些脂质成分在生理环境下带有正电荷，通过静电作用将带有负电荷的mRNA分子包裹起来，并帮助整个载体系统与靶细胞的细胞膜相结合，从而起到递送mRNA的作用。

从原理上来讲，核酸药物的研发主要有三个壁垒：第一个是原料端，包括mRNA原料序列的筛选和修饰；第二个是递送系统；第三个是药物的生产工艺控制过程。目前采用微流控技术产生脂质纳米颗粒，将mRNA包裹在脂质纳米颗粒中，再进入人体，是FDA唯一批准上市的mRNA传递技术，并且已经在世界各地注射了上亿剂的mRNA新冠疫苗中采用，其技术的安全性和有效性已经在本次全球的新冠疫情中得到验证。

脂质纳米颗粒是现阶段mRNA疫苗采用的主要递送体系，其直径为100纳米左右，化学成分主要包括中性脂质、阳离子脂质、胆固醇、PEG-脂质。可以有效负载mRNA分子，保护mRNA分子免受酶促降解，提高mRNA分子的内化效率。

脂质纳米颗粒由一种或多种特殊分子形成，这类分子是具有三个部分的两亲性分子，包括一个极性亲水头端和一个亲油尾端以及两者之间的链接区域。在水溶液中，这些两亲性分子可以和mRNA以及其他添加材料通过自组装形成稳定的球状纳米结构，其微观结构通常包括两种：一种是核酸存在于纳米球内部形成的反向脂质体胶束中，另一种是核酸嵌入脂质体双层结构。

目前工业放大工艺多数采用微流控混合技术来制备脂质纳米颗粒，通过将脂质与核酸分别溶解在水相和有机相后，将两相溶液注入制备系统的两条入口通道，一端是RNA的水溶液，一端是脂质的乙醇溶液，通过两相的快速混合稀释乙醇相，使脂质的溶解度降低，在混合溶液中逐渐析出凝固并形成脂质纳米颗粒，同时高效包载mRNA。再经过缓冲液膜包超滤或者透析除去残留的乙醇溶剂，中和缓冲液的pH值。通过改变流体注入速度和比率，来控制脂质纳米颗粒的粒径分布。该方法相对简便快速、条件温和，同时容易实现大规模生产。

mRNA疫苗的工艺控制技术

mRNA疫苗的安全性一直是研究人员关注的重点。一方面体外引入的mRNA疫苗有可能发生干扰素反应，从而引起炎症，甚至影响自身的免疫系统；另一方面，mRNA疫苗载体潜在的毒性，也可能导致疫苗安全性问题。因此在对mRNA疫苗开展大规模的临床研究之前，一定要进行严格的安全性评价和严格的生产工艺控制、分析检验的验证，以及保证零下20℃的冷藏运输与储存条件，才能被安全地使用。

对于mRNA疫苗工艺控制指标的检验和控制，主要包括mRNA原液控制和LNP控制。mRNA原液的质控项目包括mRNA含量、纯度、产品相关杂质（如不完整mRNA、双链RNA等）、工艺相关杂质（如微球残留、蛋白酶残留、DNA模板、有机溶剂、金属离子）等，还包括mRNA的核酸序列正确性、加帽率等与结构相关的质控项目。对LNP的质控重点项目有：复合率和/或包封率、pH值、平均粒径及粒径分布、粒子微观形态、Zeta电位、渗漏/释放的评价等。

对于RNA含量，一般采用紫外分光光度法进行检测。对于序列正确性，可通过Sanger测序进行确认。对于加帽率以及修饰核苷酸检测，一般采用质谱法，这是mRNA质控的重点和难点。高分辨的质谱核酸分析平台技术可以实现mRNA加帽效率、ployA尾分析、mRNA mapping、杂质鉴定及定量等功能，为疫苗开发和质控提供更精确、可靠的数据。

对于LNP的粒径分布以及Zeta电位，可通过配套的粒度分析仪进行检测。对于核酸浓度、mRNA包封率，可以通过荧光分析法进行检测。冷冻电镜可以在不破坏纳米粒子结构的前提下对LNP的形态进行观察，是常用的一种对LNP形貌进行表征的手段。高效液相色谱法是一种有效控制质量的手段，可对LNP各组分如胆固醇、PEG的鉴定和含量进行分析。

mRNA疫苗对于化妆品科技创新的启示

虽然mRNA的免疫原性和稳定性等安全问题依然令人担忧，但是随着其他RNA基因治疗药物获得批准，mRNA疫苗和基因治疗药物必将获得更大范围的实践应用。也许短期内mRNA技术可能存在很多问题，但长期来看，这绝对是值得探索的。

美国化学学会曾经指出：人类的未来是属于合成生物学的。合成生物学与传统精细化工方法不同，材料合成的来源不再是不可再生的石油资源，而是可再生的生物资源；并且生产过程不只有有机化合反应，更多依靠基因编辑改造，通过工程细菌基础上的细胞工厂代谢产生目标物质。

通过基因编辑改造技术，我们已经实现了体外合成透明质酸和胶原蛋白的技术，并且将其广泛应用于整形外科美容、皮肤医学美容和生活美容产品。展望皮肤科学的未来，我们可以大胆预测，外源性的基因将极有可能被引入皮肤成纤维细胞、角质形成细胞甚至皮肤免疫细胞中，从而被用于纠正和补偿皮肤细胞的代谢缺陷和细胞核衰老，以达到治疗皮肤病和医学美容的目的。

另外，脂质类材料作为体内可降解、生物相容性好的仿生材料，在递送药物方面有着巨大潜力。展望未来，mRNA疫苗纳米脂质包裹技术和微流控工艺技术在靶向进入人体细胞方面的基础研究和临床应用方面的巨大突破，将给皮肤科学的透皮给药途径提供更多解决方案。

在药妆品的制备和配方中采用更多创新的透皮给药系统，例如脂质体（LP）、固体脂质纳米粒子（SLN）、类脂囊泡、金纳米粒子、纳米乳液（NE）、纳米球和微流控技术的精确工艺控制，也许能够进一步促进皮肤渗透，增强活性物质深入皮肤层的传递效果，甚至改善进入衰老状态的成纤维细胞，进一步激活胶原蛋白生物合成、维持角蛋白结构、紧致和提拉皮肤，同时优化黑色素细胞代谢过程，提亮、改善肤色。

在化妆品配方安全性方面，LNP微流控工艺技术将极有可能帮助我们优化配方生产的精准工艺控制以及配方的稳定性与安全性，提升化妆品配方的生物相容性，从而降低化妆品皮肤病和化妆品致敏性的发生概率。

37

微流控技术的应用前景展望

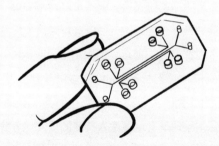

微流控技术，在功效美容产品中的研发应用
具有极大潜力。

微流体技术、3D打印等支持技术的进步也许可以在未来帮助纳米医学行业实现廉价和标准化的流体装置，并为个性化医疗、药物生产和可穿戴技术等领域的新应用开辟可能性。

微流控技术及其发展历程

微流控（Microfluidics）技术是微米级别的，即在 $10 \sim 100 \mu m$ 范围内的低维通道结构中，加工处理或控制微小流体所涉及的精密科学和技术。它被广泛应用于药物制剂研发生产、高通量药物筛选分析、生物传感器制造等生命科研领域。因为可以在微米层次精准控制层流液滴及液体的分散及包覆效应，所以近年来微流控技术在含药微粒的制备工艺中发挥着越来越重要的作用。特别是新冠疫情的暴发，采用微流控设备和工艺制备的mRNA疫苗受到极大的关注，快速而广泛地被普及和应用。

微流控技术的基本原理是发生在微米尺度的层流现象导致不同流体之间可以通过扩散而均匀混合。相比于传统制剂生产方法，微流控技术可以生产具有多种复杂组分和功能的含药微粒（纳米级活性物），且可通过控制液体连续相的流量和流速比来精确地控制粒径大小，具有均一性好、制剂结构可控等优势。

微流控芯片技术是利用微尺度流体的控制和操控技术，尤其特指亚微米结构的技术，又被称为芯片实验室或微流控芯片技术，是将化学、生物、药物分析过程的样品制备、反应、分离、检测等操作单元过程集成到一块微米尺度的芯片上的工艺技术。由于微流控芯片技术在生物、化学、医学等领域的巨大潜力，已经出现了一个涉及化学、生物、药学、流体、机械、电子材料等的崭新交叉的科学研究领域。

由于微米级的独特结构，流体在微流控芯片中显示和产生了与宏观尺度不同的特殊性能和创新应用场景。同时还有着使用样品及试剂量少、体积小巧、能耗低、反应速度快、可大量平行并联处理等优点。

一般认为微流控技术的研究正式启动于20世纪90年代初期，曼兹等人在研究电泳时第一次提出了μ-TAS概念；1995年，全球第一家微流控技术公司Caliper成立。从1995年全球第一家微流控技术公司成立开始，微流控芯片正式开启了产业化道路，芯片的快速模板复制法PDMS、芯片的软光刻微阀/微泵被相继提出。

全球第一台微流控芯片商品化仪器在1999年被安捷伦公司和Galiper公司联合发布推广，被应用于生物分析和临床分析领域。在国外已经发展了十余年的微流控技术，直到21世纪初期才开始正式进入中国，伴随着体外诊断（IVD）产业在中国的逐步兴起，以及近三年来采用微流控技术生产的mRNA新冠疫苗的普及，微流控技术才逐步被人们熟知。

2001年业内著名杂志《芯片实验室》（*Lab on a Chip*）创刊；2002年《微流控芯片大规模集成》一文在国际顶尖学术期刊《科学》上发表；2004年Business2.0杂志将该技术称为"改变未来的七种技术之一"；2006年国际知名的《自然》杂志推出相关专辑；到目前，国内诸多科学家正在这一领域做出显著成绩。

微流控技术的发展大致可以分为以下3个阶段：

1990—2000年的第一阶段：微流控芯片最初被认为是化学分析

平台，往往和"微全分析系统"概念一起被使用。

2000—2006年的第二阶段：学术界和产业界越来越清楚地意识到微流控芯片远超"微全分析系统"这一概念，是一种极其重要的生产平台。

2006年至今的第三阶段：2006年《自然》杂志发表了一期题为《芯片实验室》的专辑，其编辑部的社评认为微流控可能成为"这一世纪的技术"。特别是mRNA新冠疫苗的普及，使得该技术的应用与发展日新月异。

微流控技术的特点

微流控技术20多年的研究过程已经证实，微流控器件可以实现高度重复和高通量的纳米颗粒制备和生产。微流控芯片可以操控微米尺度通道中的流体，被广泛应用于纳米技术领域。微流控芯片中的微反应器通常是管状结构的，内部尺寸通常小于1mm，纳米颗粒的合成在并联组合的微反应器中进行。微流控芯片通常由高分子聚合物（如PDMS或玻璃）制成。多篇发表文献已经表明，使用微流控装置可大幅度提高反应得率，实现粒径的均一化和控制形状分布。

层流特点：微流控芯片中通道尺寸小（$10 \sim 1\,000\mu m$）、流体流速小，因此，一般认为微流控芯片中流体的流动具有低雷诺数的特点，属于层流流动。

迪恩流特点：在弯曲通道中，由于曲率的存在，流体经过弯道时，离心力和径向压力梯度的不平衡致使流道中心线处流体向外流动，封闭流道中为了满足质量守恒，靠近外壁面处流体将沿着流道在上下底面回流，于是在垂直主流动方向上产生了两个旋转方向相反的涡，该现象被称为迪恩（Dean）流或二次流。但一些特殊的直通道结构在低雷诺数下也能诱导该现象的发生。

微流控技术的应用领域

细胞、液滴与微粒：自19世纪90年代以来，微流控技术以其众多的特点和优势逐渐成为细胞研究领域的重要工具手段。在微流控芯片上，精确设计的微通道可以将化学和生物等领域涉及的样品制备、反应、分离、检测，以及细胞培养、分选、裂解、分析等操作集成到一块很小的芯片上，实现多种功能。由于微通道中流体具有惯性迁移与迪恩流的独特现象，一些研究人员已将其应用到血液中癌细胞的分离、微藻的聚焦与分离、液滴的生成等广泛的场景与领域中。

生物医药：近年来，微流控技术在生物医药中的应用非常广泛，如器官芯片技术、及时诊断（POCT）技术、生化分析等。在医学检测中，有针对血液、尿液等体液以及其他分泌物的微流控技术检测分析。目前已有微流控芯片应用于新冠病毒核酸检测的报道。近年来，微流控装置和技术在LNP（脂质纳米颗粒）的制备中取得了应用，该技术的引入为RNA-LNP的生产提供了许多优势，包括精确控制LNP尺寸、高重现性、LNP处方的高通量优化以及提供连续的LNP生产过程。

将活性小分子化合物、蛋白大分子、疫苗、免疫治疗物及基因等药物包裹或吸附于功能化的纳米载体结构中形成纳米载药系统，可以调控释药速度，增加生物膜的透过性，改变其在体内的分布，提高生物利用度等，以此来提高药物的安全性和有效性。纳米载药系统的表面性质和药物释放行为直接影响其在体内的生物活性。纳米载体的表面性质可影响体内药物输送过程中与生理物质相互作用及器官组织分布效果，而可控的药物释放行为则可有效调控药物在疾病发生部位以合适的释放速率发挥最佳治疗效果，并减少正常器官的药物非特异性损伤或其他毒副作用。

目前，常用的纳米药物输送系统（脂质体、胶束、无机纳米粒和聚合物纳米粒等）通常采用宏观流体相互作用原理进行制备，其制备工艺过程较繁琐，且存在批次间结构差异，所得纳米粒的粒径分布不均一、分散性和重复性较差，对于化学药物和基因药物的包载效率较低。造成此现象的主要原因在于纳米粒的形成过程涉及分子尺度的组装，而人为操作宏观液体混合很难达到精准控制的效果。

而利用最新的微流控技术，对流体流速和流量的精确控制可以使不同时机引入的液体成分充分混合且高度均一有序，制备得到的纳米颗粒在粒子结构均一性、批次间可重复性和药物包载率等方面均表现出明显的优势，在诊疗一体化方向有良好的发展前景。

目前工业放大工艺多数采用微流控混合技术来制备 LNP，将脂质与核酸分别溶解在水相和有机相后，将两相溶液注入制备系统的两条入口通道，一端是 RNA 的水溶液，一端是脂质的乙醇溶液，通过两相的快速混合稀释乙醇相，使脂质的溶解度降低，在混合溶液中逐渐析出凝固并形成脂质纳米粒，同时高效包载 mRNA。再经过缓冲液膜包超滤或者透析除去残留的乙醇溶剂，中和缓冲液的 pH 值。通过改变流体注入速度和比率，来控制脂质纳米颗粒的粒径分布。该方法相对简便快速、条件温和，同时容易实现大规模生产。利用LNP辅助mRNA递送是当前全球热点研究课题。特异性器官靶向和蛋白表达是基于LNP的RNA递送技术的基本优势，因此有望用于开发具有器官靶向特性的mRNA递送技术。目前，多种微流控装置已经被用于RNA、DNA、RNP（核糖核蛋白）等纳米递送平台的开发。

目前mRNA和脂质的混合是通过微流控系统来完成的，微流控过程工艺参数取决于总流速、压力、流速比例、芯片内部结构、温度等条件。将核酸与脂质分别溶解在水相和有机相后，纳米药物制备系统推动两相溶液通过特制芯片通道完成纳米颗粒的合成。微流控脂质体制备技术不仅能很好地控制脂质体的尺寸均一性，而且可以通过改变各相流体的流动参数实现对脂质体尺寸大小、药物包封量等的精确调控，具有显著优势。目前可采用微流控技术产生脂质纳米颗粒，将mRNA包裹在LNP纳米颗粒中，再进入人体，是FDA唯一批准上市的mRNA传递技术，并且已经在世界各地注射上亿剂的mRNA新冠疫苗中采用，其技术的安全性和有效性已经在这次全球的新冠疫情中得到验证。

对于脂质纳米微粒作为基因药物载体用于全身药物递送，目前已进行大量深入的研究。其中，脂质纳米微粒（Lipid-based Nanoparticles，NP）药物载体在进行基因药物递送时，为克服体内各种生理屏障，粒径须在100nm以下，这类NP的配方和组装极为重要。NP递送的核酸主要包括DNA、siRNA、反义寡核苷酸。影响NP粒径的主要因素包括脂质的构成、脂质与核酸的比例，以及制备方法。迄今为止，安全有效的载体的研发一直是限制基因药物投放临床的瓶颈，NanoAssemblr微流控纳米医学微粒制造系统可以解决这类难题。

化学化工应用：化工技术的微型化成为一种新的趋势，由于微通道的比表面积和换热面积大，反应速度快、放热效应强的化学反应（如硝化反应），在微反应器中也能在近乎等温的条件下进行反应。利用微反应器的这些优势，可以使一些化学反应转化率大大提升，同时减少副产物，实现化学反应绿色化。例如，巴斯夫公司在微反应器中合成维生素前体时，产品收率可以从传统设备的25%提升到80%～85%。AMII等报道的氟化反应，产品转化率从15%提升到了90%。微流控技术在化工中的主要应用有微混合器、微反应器、微换热、微分离、微分析等设备。

微流控技术虽然存在诸多优势，但其存在产能较低的缺点，单个微流控芯片的生产效率仅为0.1～10ml/h，因此尚未广泛应用于工业领域。对此，笔者总结了近期的研究进展：通过并联多个单独的微流控芯片可以提高制剂产生效率，并联设备在微流控技工业化中起着重要作用，然而，将多个微流控芯片连接在同一设备中会改变流体动力学，包括水力阻力变化、泵压变化、产生气泡等；因此，必须专门设计可用于并联生产的微流控装置，以实现大规模生产稳定均一的药物制剂。

光电应用：通过多种物理场，如电场、磁场、激光等的作用，可以实现微流控芯片中的目标检测对象的分离。例如，通过融合微流控技术和光学、光电学等形成功能集成化和系统微型化的光学检测和微流分析系统。微机电光学系统通过利用微流控技术可以在芯片上构建波导、透镜、开关和滤波等光学元件，并实现交换、显示和存储等功能，这些新颖的微流控集成光学元器件将在未来的信息领域中得到应用。

通过微流控技术开发多种成分的临床规模纳米药物，最大的挑战是对产品合成量和一致性的逐步增长的严格要求。虽然纳米药物在临床前阶段已经取得了很大的进展，但是实现有效的临床表现才是最关键的问题。例如，把20g的小鼠量级药物输送扩大人体重量级别的药物输送的工艺放大问题，还有涉及多个典型治疗诊断步骤（例如超声、离心、灭菌和冻干）的合成程序，这些程序的效率比较低，并且可能在大规模生产过程中产生一致性问题。从mRNA疫苗的普及过程来看，在零下70℃以下储存和运输的苛刻条件，严重限制了它在发展中国家和不发达的亚非拉国家的应用和推广。

众所周知，制药行业更新换代和适应新变化、新技术的速度很慢。然而，随着微流体技术的不断进步，未来有可能解决纳米药物从实验室到临床效果一致的问题，从而实现纳米医学产品的大规模商业化。此外，微流体技术、3D打印等支持技术的进步也许可以在未来帮助纳米医学行业实现廉价和标准化的流体装置，并为个性化医疗、药物生产和可穿戴技术等领域的新应用开辟可能性。

在功效化妆品和医学美容领域，微流控技术也许可以实现更为突出的活性物包裹和透皮吸收功能，在美白祛斑、填充抗皱，甚至生发方面都有着很大的应用潜力。

38

从玄学到科学：
物理美容技术的前景展望

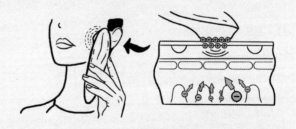

探索物理美容仪器对于皮肤神经通路和免疫细胞的影响
是皮肤美容仪器研究的未来方向.

从神经生物学或者细胞生物学的高度，来具体深度解读家用美容仪器的生物学靶点和生物物理作用机制。

中医穴位真的存在吗？

作为传统中医中的一种古老的治疗方法，针灸是具有悠久而独特的理论体系的，针灸的中医理论核心是经络和包含其中的穴位。如果能按理论施治，据说能治百病。针灸对人体各系统的器官和组织具有明显的调整作用，可使人体机能由不正常恢复到正常，调和阴阳，扶正去邪，疏通经络，气血畅行。

传统针灸用针刺，并通过捻转等手法刺激穴位，随着针灸技术的发展，现代中医还出现了电针，采用脉冲电流来替代捻转，达到刺激穴位的效果。与其他传统疗法一样，针灸的有效性始终是一大谜团，目前少有的临床试验结果也不尽相同。相比临床试验，机制研究就更少了。直到今天，针灸的中医理论背后的科学依据到底是什么？这个问题的答案依然不够清晰。

关于针灸的治疗作用，人类已经确认了一些基本事实：近几十年来，针灸作为一种潜在的炎症治疗方法越来越受到西方医学的欢迎。在这种技术中，身体表面的穴位受到机械刺激，触发神经信号，影响身体其他部位的免疫功能。其实早在20多年前，就有研究发现，电针刺激小鼠腹部和后肢，可以激活与胃动力控制相关的消化神经系统。随着胆碱能抗炎途径的发现，又陆续有几项研究发现，肢体穴位刺激可以抑制全身性炎症，这种效果与激活迷走神经有关。

2014年的一项科研报告指出：电针灸（Electroacupuncture）可以通过激活迷走神经—肾上腺轴，即迷走神经向肾上腺发出信号以释放多巴胺的途径，减少小鼠体内的细胞因子风暴。美国医保局应美国国会的要求，也曾经详细调查过针灸对缓解疼痛的效果。调查结论是：针对腰疼，针灸治疗是有效的，因此批准了使用美国医保支付针灸治疗费用。此外，其他国家的研究也证实了一些部位的疼痛可以通过针灸进行缓解。

针灸的现代神经解剖学基础

2021年10月，国际顶尖学术期刊《自然》发表的论文《电针驱动迷走—肾上腺轴的神经解剖学机制》，引起了针灸学术界的广泛关注和讨论。来自哈佛大学神经生物学教授马秋富领衔的科研队伍公布了一种刺激穴位治疗脓毒血症的实验方法：科研人员在患有脓毒血症的小鼠身上，定位了其后肢的"足三里"穴位——相当于人体的膝盖下方2cm处，然后用微弱的电流对此进行针灸，最终证实了电针刺激的抗炎治疗作用，降低了小鼠的死亡率。这一研究成果，提出了第一个关于穴位选择性和特异性的神经解剖学解释。它告诉我们与针灸疗效相关的重要参数：针灸部位、针灸深度以及针灸强度。

马秋富教授的研究团队从2017年以来，长期致力于挖掘电针灸激活神经通路进而调节炎症的机制。在《自然》杂志上发表的这篇论文中，科研团队通过小鼠实验首次找到了一组特定的神经元，并发现这组神经元可以调节迷走神经—肾上腺反射，从而为电针灸刺激"足三里"起到全身抗炎效果找到了现代神经解剖学的基础。

科研人员发现在电刺激"足三里"位置时，会激活一组表达Prokr2蛋白的小鼠感觉神经元。这些感觉神经元的细胞体部分位于脊髓，延伸出去的突起部分属于支配后肢的坐骨神经，由此它们可以将后肢的感觉信息通过脊髓传向大脑的特定区域。

奇妙的是，表达Prokr2的神经元受到不同强度的刺激，会激活不同的神经通路。受到较低强度的刺激，它们会激活神经系统中的迷走神经—肾上腺，驱动肾上腺释放儿茶酚胺类抗炎物质。但如果电针灸刺激的强度过大，则会进而激活另一组交感神经反射，反而未能驱动迷走神经—肾上腺这条副交感神经通路。这说明了电针灸强度对神经通路具有选择作用。

这类Prokr神经元的神经纤维有特定的分布区域，也就为电针灸抗炎需要对特定穴位进行刺激提供了解释。在包裹腹部器官的组织中，研究人员没有找到这类表达Prokr的神经元，因此刺激小鼠的腹部"穴位"（比如"天枢穴"）很难引起相同的全身抗炎反应。

为了验证Prokr2神经元的角色，研究人员光遗传学等多种实验手段人为激活表达Prokr2的神经元，发现可以模拟电针灸的抗炎效果；相反，如果特异性地破坏这组神经元，则会让电针灸起不到抑制全身炎症的作用。

马教授认为，他们的发现说明，电针灸有神经解剖学机制，这是针灸神经解剖学方面的一个重要进步。他们希望此次的发现可以为优化生物电刺激参数铺平道路，未来可以精确地驱动不同的神经通路来治疗特定疾病，最终造福广大患者。

但是马教授也指出：如果不正确地进行针灸，可能会产生有害的结果，因此它的有效性和安全性需要在临床试验中得到验证，如果验证成功，针灸就可能成为一种多功能治疗手段。当然，到时候，针对不同疾病，可能要探索不同的刺激参数。

在《自然》杂志同期发表的评论文章，来自杜克大学的路易斯·乌略亚评论说：刺激迷走神经起到的抗炎效果存在两种机制。首先，通过刺激肾上腺释放多巴胺和去甲肾上腺素等儿茶酚胺释放到血液；其次，通过诱导脾脏产生去甲肾上腺素激活淋巴细胞分泌乙酰胆碱，再通过乙酰胆碱来对脾脏巨噬细胞形成抑制。

评论文章总结说，这些结果首次提供了一种分子标记，靶向具有这种分子标记的神经元可以设计特定的刺激方法，用来远端调节身体机能。电针灸（Electroacupuncture）刺激特定部位，可以调节某些身体机能并治疗疾病，上述科研成果将进一步促进生物电子医学（Bioelectronic Medicine）这类新兴医学领域的发展。

物理美容技术的前景展望

关于针灸的科研成果能够在顶级学术期刊《自然》杂志上发表，说明其得到了现代神经科学领域的认可。这对于针灸的基础科研领域的发展具有里程碑一般的重要意义，其研究范式、思路、方法和结论等诸多方面值得美妆行业科研工作者，特别是物理美容仪器科研人员的关注、学习和思考。

人体的免疫力如果响应过度，就会出现各种炎症风暴反应，往往没有细菌、病毒的入侵，身体却以为有，于是或轻或重地进入"战备状态"。这种状态表现在宏观上，就是身体的某些部位莫名其妙地长期红肿、疼痛，甚至阻碍正常的血流和气流。在皮肤疾病方面，这种炎症反应也会带来脱发、痤疮、黄褐斑、眼袋、黑眼圈等多种表观的皮肤疾病症状。

对于针灸这项传统技术，用现代科学技术强有力地证明其在疾病治疗方面的效果和独特优势是对针灸的肯定，具有跨时代的意义。相信在不久的将来，针灸技术可以大放光彩，应用于更多疾病的治疗和诊断当中。

在皮肤疾病治疗方面，中国的针灸专家已经验证了针灸对于斑秃的治疗效果。斑秃是一种常见的炎症性非瘢痕性脱发，临床表现为头皮突然发生边界清晰的、圆形斑状脱发，轻症大部分可自愈，约半数患者可迁延数年或数十年。少数严重者可累及整个头皮（全秃），甚至全身的被毛（普秃）。本病可发生于任何年龄，多见于中青年。流行病学研究显示，我国斑秃的患病率为0.27%，国外研究显示人群终生患病率约2%。斑秃不仅影响美观，还会对患者的心理健康和生活质量产生负面影响。

目前，临床上针灸治疗应用于斑秃已取得了一定的成果，常见用毫针、皮肤针、火针、灸法及耳针等，或联合采用多种疗法以提高疗效。此次发表的论文报道了一则使用平刺法配合电针治疗全秃并获得较好疗效的病例。

除此之外，采用硅晶材料蚀刻的微针美容仪器，通过长度为50～150μm的硅晶微针在皮肤表面的高频振动，在不损伤皮肤的表皮功能的前提下，安全高效地实现了活性生物护肤成分的透皮吸收，甚至可以将某些透皮吸收困难的水溶性活性成分的透皮吸收率提升10～20倍。然而我们尚无法证实，如果单独使用微针美容仪器而不做配套精华液配方的微针透皮导入，微针美容仪器本身是否也具有生物物理学方面的疗效。上述《自然》杂志公布的针灸抗炎机理的科研成果，也许向我们预示着某种生物学的可能性。

与电针灸疗法和微针导入疗法类似，近几年来雅萌、宙斯、Refa、Tripollar等物理美容仪品牌的市场销售规模不断扩大。中国家用美容仪市场规模，已经从2014年的20亿元，高速增长到了2021年的近100亿。近三年来疫情居家生活方式对于线下医美和美容机构的冲击，进一步刺激了家用美容仪市场的替代性增长。

目前市场上主流的物理美容技术，主要是射频、EMS微电流和LED光学美容。射频美容仪的生物物理原理是通过高频电子振荡，由正极向负极相连，穿过表皮加热真皮层，真皮层的胶原纤维和弹力纤维会被打断再重建，来促进胶原蛋白的再生。可以恢复皮肤弹性，减少皱纹，改善法令纹、泪沟、鱼尾纹，等等。EMS微电流美容的生物物理原理则是采用电脉冲肌肉刺激，通过微量电流刺激皮肤和皮下组织，让肌肉收缩、血液循环、新陈代谢加速。LED光疗主要分为蓝光、红光和绿光。红光主要通过加热的方式促进胶原蛋白再生、促进细胞新陈代谢、增加皮肤弹性。蓝光则通过使痤疮丙酸杆菌的代谢物卟啉产生氧化反应，来消灭痤疮丙酸杆菌，从而改善痘痘肌。绿光的作用则是对皮肤组织中的腺体进行调节，焕白提亮。市场上的露得清面罩、Exideal大排灯美容仪、Cellreturn光子嫩肤面罩美容仪都基于这个原理。

总体来说，家用美容仪就是医美仪器的缩小版。出于安全性的考虑，家用美容仪的能量释放要远远低于专业医美设备，因此在功效方面必须通过长期坚持使用，才能看到明显的效果。如果三天打鱼、两天晒网，购买再贵的家用美容仪，也不一定有效果。

值得重视的是，目前对于家用美容仪器的生物学起效机理研究还比较欠缺，无论是皮肤科医生还是家用美容仪器品牌方，都难以从神经生物学或者细胞生物学的高度，来具体深度解读家用美容仪器的生物学靶点和生物物理作用机制。

因此，无论在头皮健康还是面部皮肤健康领域，如果我们可以借鉴哈佛大学神经生物学教授马秋富对于电针灸激活神经通路进而调节炎症的生物物理机制的研究思路与方法，在生物学原理的基础科研层面去深入研究射频、EMS微电流和LED等多种美容仪器的神经生物学或者细胞生物学机理，探索物理美容仪器对于皮肤神经通路和免疫细胞的影响，相信家用美容仪的研发、迭代升级必将取得更多的突破性成果，从而在保证安全性的前提下，进一步拓宽家用美容仪甚至专业医美仪器的功效范围，提升功效实现的精准度，降低美容仪器的副作用和安全风险。

39

未来智能化妆品的真相

定制化能量
下载

皮肤信息
上传

智能护肤棒

智能护肤时代，即将到来。

　　动动嘴、眨眨眼、伸伸手，触手可及的最懂你的智能化妆品！

　　2022年ChatGPT的横空问世，让生成式AI（人工智能）在计算机科技领域大红大紫，同时也在我们美妆行业掀起了一股强劲的AI美妆新风潮。

　　人工智能（AI）是指利用计算机和机器模仿人类大脑解决问题和决策的能力，是继互联网信息革命之后的人类历史上的第四次科技革命。人工智能将在极大程度上解放人类简单重复的脑力劳动，并再次改写人类的工作方式和生活习惯。

　　随着ChatGPT技术的更迭与发展，生成式的AI美妆正在影响和改变美妆行业。AI技术在美妆行业的广泛传播，使美妆企业能够深入了解消费者的个性化需求和偏好，从而为用户提供个性化产品或者服务的个性化场景越来越丰富，引领美妆行业全面个性化、定制化的新时代！

语音智能美妆新时代

　　2016年5月19日，Google在开发者大会上正式发布了令人惊艳的智能家庭语音家居助手：Google Home，亚马逊也发布了似乎更适合宅男宅女们的个人语音助手：Amazon Echo。如今，从"天猫精灵"到"小度小度",从"小爱同学"到"理想同学",智能语音助手硬件产品在中国家庭已经无处不在。

爱因斯坦曾经说过：逻辑可以将人们从 A 点带到 B 点，而想象力则可以将人们带到任何地方。无论是线下店面还是线上直播平台，智能语音助手，今天已经遍布美妆行业。SK-II 在 2019CES 消费电子展上推出了 SK-II Future X SMART STORE 未来体验店，展示了智能美容顾问（BA）的潜力。SK-II 未来体验店采用领先的人脸识别、计算机视觉计算，以及人工智能技术和皮肤科学与诊断创新技术，带来个性化的沉浸式的美容体验。2021 年，"花西子"推出同名虚拟代言人花西子。2022 年，京东电商打造美妆虚拟主播"小美"现身 YSL、科颜氏、OLAY、欧莱雅等超 20 个美妆大牌直播间，成功俘获追求新奇事物的年轻消费者。

智能化皮肤测试新时代

随着科技进步，大数据、图像分析、物联网技术等在医疗、互联网、金融等行业已经被运用成熟，成为人们生活中必不可少的部分。近几年，这些技术也正在化妆品行业的科技大潮中不断涌现，AI 人工智能美妆、AR 虚拟试妆等我们在化妆品行业中的应用也呈现出方兴未艾的新局面。随着科技进步，大数据、图像分析、物联网技术等在医疗、互联网、金融等行业已经被运用成熟，成为人们生活中必不可少的部分。智能美妆镜、智能检测仪、便携式环境探测仪等新技术在化妆品行业中的应用正在从"好玩"向"好用"升级，真正实现将化妆品科技融入消费者的普通生活中。

2021 年以来，第三方测试公司对人工智能、AR 技术、便携式传感器等在化妆品研发、功效测试、消费者链接中的应用进行了多年的跟踪应用研究。2023年4月，上海家化研发团队首次运用顶尖的AI算法，基于千万人脸的肌肤大数据库，将人脸关联点测肤，结合后台AI大数据运算分析，建立了肌肤状态的分析模型。上海家化作为牵头企业的身份，联合上海日用化学品行业协会及多个行业专家，共同发布了首个人工智能（AI）测肤数据分析法的团体标准。其中，从8大肌肤维度，皱纹、痘痘、肤色、毛孔、眼袋、黑眼圈、肤质、敏感度等，运用2种深度学习算法和传统视觉算法，建立了国人肌肤衰老（肤龄）的检测标准。由上海家化牵头的《人工智能（AI）测肤数据分析法》团体标准的发布，预示着AI测肤在未来的可行性得到了行业的肯定。

定制化智能美妆产品新时代

无论是在海外市场还是中国本土，定制化的智能美妆产品也是一年比一年更多。

瑞士香精制造商奇华顿（Givaudan）已经采用AI来帮助调香师加快香水香氛开发的速度。荷兰EveryHuman香水品牌通过问卷调查和AI算法技术，已经实现了在几分钟内调配出"私人订制"香水的成果。定制化妆品牌Prose就曾推出过由AI驱动的护肤品系列，可通过1500万种由AI组合的配方，满足不同用户皮肤类型的护肤需求。

2023年4月，上海市药监局为位于上海浦东新区的一家修丽可门店颁发全国首张"现场个性化服务"化妆品生产许可证，定制化妆品大门从此打开！随着化妆品定制化政策的放开，越来越多的企业开始布局该领域，其中比较有代表的品牌有修丽可、爱茉莉太平洋、资生堂、贝芙汀等。根据青眼情报《定制化妆品趋势洞察报告》显示，全球个性化美妆市场从2021年的292.5亿美元增长至2022年的377.2亿美元，复合增长率达到11.87%，预计在2028年将超过5000亿元，化妆品定制化的市场规模远超AI化妆品。

法国欧莱雅集团早在2014年将生成式AI作为重要手段，启动Digital Beauty战略目标，2018年欧莱雅基于其数字化体系启动了美妆科技（Beauty Tech）战略，宣布要成为"第一大美妆科技公司"；在2023年11月的第六届上海进博会的欧莱雅集团展厅，巴黎卡诗K-SCANAI智能精测仪、阿玛尼美妆Meta ProfilerTM肌能显微镜、植村秀3D shu:brow眉妆智能美容仪、欧莱雅HAPTA超精准智能上妆仪等四大亚洲首发黑科技呈一字排开，吸引了众多海内外观展者的眼球。

华为董事长任正非，曾经在全国科技创新大会上代表华为公司做了一次信息量很大的汇报发言。在任总2000字的发言中，最重要的一句话也许是："从科技的角度来看，未来二三十年，人类社会将演变成一个智能社会，其深度和广度我们还想象不到！"

智能美妆未来前景展望

2024年4月12日，浴霸行业上市公司奥普家居股份有限公司（简称"奥普"）在杭州举行的2024科技新品发布会上，发布了颠覆性的MR007创新美容舱浴霸。

由于用户对于常规家用美容仪器的使用习惯难以坚持（有约80%的家用美容仪用户渡过尝鲜期后，使用美容仪的频率会越来越低，甚至在一年后降到零），所以奥普提出，如果可以将浴室空间变成大型光疗美容仪，让消费者一边洗澡一边美容，那么将极大简化居家美容操作，从而实现更持久的居家美容效果。

在美容舱浴霸的研发过程中，奥普申请了61项专利技术。这款美容舱浴霸除了拥有常规浴霸的照明、通风和取暖功能外，还将全身光能美肤、全浴室除臭抑菌、语音智能控制等功能集于一身。

科学研究已经证明：630 nm的红光及590 nm的黄光单独或组合使用，具有亮肤、舒缓、嫩肤的作用。这种安装在浴室天花板上的光疗美容仪，采用智能控制按键，可以实现在"红光美白""黄光舒缓""橙光嫩肤"三种身体美容模式间的快速切换。

奇点临近，科技的脚步实在走得太快！当我们化妆品配方师还在化妆品配方技术世界中因为一点小小的配方成就沾沾自喜时，当笔者还沉浸在获得很多应用配方发明专利的喜悦之中时，产品软件化智能化智能硬件时代，已经到来了！

以跨界融合式的创新技术趋势，全方位打造极致完美的产品体验的大趋势，如同大浪淘沙一般，激烈冲刷着每一位化妆品化学配方师的观念与经验局限。

这个伟大时代正在提醒着我们学习新知识、掌握新技术，走出实验室，走向移动互联网、走向人体工程学、走向智能硬件的广阔天地！

美国未来学家凯文·凯利曾经说过：未来20年最伟大的产品，迄今还没有被发明！我们会被这个飞速发展的智能社会边缘化甚至淘汰吗？或者，从今天起，紧紧跟随它的背影，寸步不离？

附录 1

数美链《产品人 1001 问》栏目
对话专访全文

1. 您将自己过往的职业发展总结为："从理工男到交叉科学研究者的 21 年逆袭之路。"在这一过程中，您经历了哪几个阶段？想请您分享一下最难忘的经历和故事。

美国著名投资思想家查理·芒格曾经说过：大多数人试图以单一的思维模式来解决现实问题，其思维模式往往受自己最擅长、最习惯的专业科学的限制。查理·芒格与众不同的最优秀的特质，就是擅于利用跨学科的知识及思考方式，去思考和解决投资事业和生活中的实际问题。芒格先生这种跨学科的横向融合思想，贯穿了我过去 20 多年的职业生涯历程。

化妆品科学是一门跨学科的交叉科学，但是当我在 2000 年刚开始接触护肤品配方的研究时，我比较注重配方研发本身，而很少有机会深入了解每一种原料的特点。幸运的是我后来加入了美国强生亚太区原料技术中心，从事原料基础和应用研究和评估工作，对数百种化妆品原料成分结构、性能特点、体外与体内安全性与功效性有了系统深入的学习。这不仅帮助我掌握了原料结构与配方性能之间的关系，更帮助我全方面强化了植物提取、有机合成、生物发酵等跨学科的更广泛的基础原料知识，为配方研发的长期开发工作打下了良好的科学和技术基础。

2017年我有幸加入了欧莱雅中国研究与创新中心，先后担任了横向研发高级经理和抗衰老科研带头人。这进一步帮助我拓展了在皮肤细胞生物学、医学美容技术、药品和食品制剂技术方面的科研项目经验积累。

印象比较深刻的是2018年6月去昆明参加全国皮肤科学年会，在连续三天三夜的会议中我总共参加了28个小时88个会议讲座，在肠—脑—皮肤轴理论、医学整容解剖学、医学美容仪器等方面极大地扩展了自身的专业知识，以及自己后来的科研方向。

如果我们回顾一百多年来诺贝尔奖的历史，我们会发现有高达41％的获奖者属于交叉学科研究者。尤其是在最近25年来自然科学方面的诺贝尔奖获得者中，交叉学科研究领域的获奖者占了总数的47.4％。交叉科学，包括边缘科学、横断科学、综合科学和软科学等，通过运用多种学科的理论和方法，填补各门学科之间边缘地带的空白，实现了过去分散化划分的科学研究的整体化。交叉学科研究正在成为科学发展的主流，交叉科学开阔了科学研究的视野，同时推动着科学技术的发展。

2022年3月受聘担任雅颜生物的首席科学官之后，我终于进一步突破了自己服务了20多年的欧美知名品牌曾经赋予我的专业技术人员的职业标签，能够在交叉科学思维方式的引领下，站在拥有跨学科系统性视野雷达的东方远洋之轮上重新出发，在化妆品科研的海洋世界中激流勇进，去探索新大陆、开拓新航线！

2. 您为何选择离开大品牌，加入目前的公司担任CSO，并拿出大量时间精力投入化妆品科学与研发创新的科普与宣讲工作中？是基于怎样的职业发展考量？

欧美国际知名品牌的内部科研项目分工是非常细致的，这对于提升产品研发的质量和效率是有很大帮助的。但是过于细致的科研分工，在无意间阻碍了最新的前沿科学发现（例如分子生物学、神经生物学、整合医学等）在科研组织中内部的广泛传播与快速普及，在客观上可能会妨碍跨学科融合式的化妆品科技创新。

现代科学发展的新理论、新学科、新技术常常出现在现有学科的边缘或交叉点上。学科交叉已经形成了大量成熟的交叉学科，如分子生物学、神经生物学、整合医学、再生医学等。这些新涌现的交叉学科将会大大推动科学进步，尤其在现代"大科学"发展趋势下，新兴交叉学科的产生以及各种新的理论体系和研究方法的创建与不断完善，使得科学本身向着更深层次和更高水平发展，推动科学向着多维综合性、创造性和开放性的思维方式迈进，帮助人类从细分化的"小科学"时代，进入了综合性的"大科学"时代。

最近30年以来，人类的生活方式发生了翻天覆地的变化，从1995年国际互联网的逐渐普及，到2007年第一代iPhone的诞生，再到2013年微信的普及和最近抖音等短视频平台的大爆发，我们的生活从横屏的电脑时代，进入了移动互联网的竖屏手机时代，现代多媒体技术永远改变了我们沟通、消费和工作的方式。最新的科学研究表明，手机和电脑的蓝光辐射，会抑制我们体内褪黑素的分泌，从而带来睡眠缺乏、情绪焦虑、饮食不规律、倦容、肌肤衰老等一系列健康问题。

皮肤健康，是人体生理健康与心理健康的一种外在表现。我最想做的事是尝试做一名科学世界的小导游，与业界同仁和广大粉丝们共同开启全新的系统性、全方位地学习生命科学知识的新旅程。引领粉丝们进入诺贝尔奖级的科学巨匠和无数科技工作者在过去100年来所打造的生命科学的后花园，从神经生物学、细胞生物学、分子生物学、遗传生物学，甚至人类学与社会心理学的角度，通过文字、音频和视频等多种形式，深入浅出地来全方面解读影响我们内在健康与外在美丽的前沿科学密码。

并在此基础上，进一步探索健康与美容保养的新技术、新方法，帮助更多人告别"熬最晚的夜，用最贵的面霜"的"成分党"式的片面化的护肤方式，站在皮肤健康金字塔的基础上，通过调节睡眠、情绪、运动、饮食等生活方式和皮肤美容技术的跨学科交叉融合，掌握真正科学的皮肤保养方法，从而拥有更美丽的肌肤和更美好的人生！

3. 目前您主要致力于生命科学、脑神经科学与心理科学的跨学科融合的身心皮肤科学与情绪护肤的研发创新与科普，您是如何将这四大学科融会贯通的？已经产出了哪些研究成果？

1954年，加拿大麦克吉尔大学的心理学家进行了著名的"感觉剥夺实验"。在感觉剥夺实验中，受试者的视觉、听觉、触觉等几乎所有感官都被暂时限制，单独待在实验室里，几小时后他们开始感到恐慌，进而产生幻觉……感觉剥夺实验的最终结论是：丰富的、多变的环境刺激，是人类生存与发展的必要条件。

近几年来"神经美容学"和"沉浸式护肤"科学概念的提出，将在未来不断推动皮肤美容技术创新，从而进一步提升护肤体验的愉悦度，甚至增强护肤品功效。我们已经知道：护肤品不仅具有生理层面的护理作用，还有心理层面的护理的作用。日本花王的神经美容学的前沿科学研究已经证实：体验具有令人愉快质地的面霜，可以更好地诱导面霜使用者的积极的情绪，同时显著提高皮肤外观的表现。

在护肤的时候，给予适当的、积极的触摸，例如结合按摩手法或仪器刺激（美容仪的微电流），可以促进催产素的释放，提升情绪，并且可以改善皮肤外观的状态。触摸是人与人之间最原始的交流方式之一，但人们对其对皮肤生理的影响知之甚少。

随着神经美容学未来科学研究的深入，我相信人类将有机会揭示更多的外界刺激源对人体神经系统和皮肤健康的显著影响，甚至开发出肤感和功效协同增效的护肤品，甚至具有新触感、新功效的新一代的神经美容仪器产品。站在美容仪器技术和护肤配方透皮吸收技术的交叉点上，通过跨学科整合压电低温雾化技术和4D玻尿酸原液配方技术，我们最近研发并成功上市了全球首台"玻尿酸蒸脸器"产品。

4. 后疫情时代，健康护肤受到越来越多人的关注，这刚好与您当下正在研发创新与科普的身心皮肤科学和情绪护肤相契合，此科学和理念是如何赋能美容科技创新的？是否真的能成为舒缓调节消费者心理与皮肤健康的"良药"？

皮肤是我们身体和外界的分界线，也是一个与人体神经系统、免疫系统密切联系的自主运行的充满活力的身体器官。一旦外界环境发生变化，皮肤就会相应地发生变化。举例来说，2021年的诺贝尔医学奖成果对TRPV1压电通道的突破性发现，使人类了解了自身的热、冷和机械力如何启动神经冲动的内在机理并令我们感知和适应周围的世界。

最近两年来，我在自己创立的微信公众号"美丽面面观"和 *Happi China* 的前沿科学个人专栏上，撰写和发布了大量关于睡眠、情绪、运动、微生态等与皮肤健康相关的科普文章，内容包括皮肤生物钟、情绪护肤、微生态护肤等，就是希望站在跨学科的整合医学和再生医学的"大科学"高度上重新出发，进入生命科学的启蒙教室，去探索智慧生命的历史起点、群星闪耀的科学里程碑，以及皮肤美容科学的未来走向。

作为一名奋斗了23年的老兵级护肤配方师，同时作为一名认证心理治疗师，笔者认为在情绪护肤这个方向上，未来还有无限的创新产品文章可做。特别是在敏感肌的护理、护肤品的肤感研究这两个方向上，皮肤的神经感受系统的基础科学研究，为我们提供了非常重要的皮肤生理学机理的底层科学支持。

从感官的角度，护肤品不仅可以改善肌肤健康，而且还可以通过美观的质地、舒适的肤感、宜人的香氛等复杂的生理体验，来满足人们对于愉悦、安心、美好的情感需求。无论是欧美还是本土企业的科研团队，对于护肤品在神经生物学方面对皮肤的神经末梢和感受器（鲁菲尼氏小体、梅斯纳氏小体、梅克尔小体、帕西尼小体等）的影响，以及护肤品对脑神经系统的作用和影响，目前依然缺乏深入研究和理解。

作为一名皮肤美容科普工作者和科研开发者，我期待未来有更多的神经生物学科学知识和检测手段能够被应用到化妆品行业的基础研究之中，为功效护肤品的研发以及化妆品的肤感研究的科学客观量化评价提供更多的科研手段和创新灵感，从而创造全新的美容科技创新产品。

5. 作为行业资深抗衰产品科研人士，关于研发抗衰类护肤品，您有哪些经验之谈？能给正在研发此类产品的配方师哪些可行性建议？

人类所有情绪与生理反应，都与影响人体的神经系统和免疫系统特别是神经递质（例如皮质醇）的分泌有关。在外界压力刺激下，人体神经系统与免疫系统过量释放皮质醇，并通过皮质醇的神经递质作用，引发皮脂腺大量分泌皮脂，造成皮肤出油、爆痘，甚至日积月累，产生炎症性衰老的问题。

在快节奏的焦虑的现代生活方式的影响下，我们的皮肤系统在压力应激模式下会产生各种各样的炎症因子。这些炎症因子除了让皮肤有个风吹草动就有异状之外，还会造成皮肤病问题：平时本该只长个小粉刺，这时却变成了红肿发炎的大包。压力除了会让皮肤出油、长痘之外，还会让现存的皮肤问题更加严重，如牛皮癣（银屑病）、酒糟鼻（玫瑰痤疮）等。

最新的科学研究表明，皮肤神经末梢感受系统在外界刺激下产生的表情变化，与皮肤衰老关系密切。日本花王的神经美容学研究发现，人的情绪表达和静态皱纹之间可能存在负反馈关系！一方面，在皮肤的衰老过程中，动态的表情纹可能会逐渐累积为难以逆转的静态深皱纹，即情绪会影响皱纹的产生；情绪流露于脸上形成表情纹，表情纹通常是动态的，但是日积月累，也有可能成为永久性的皱纹，例如，抬头纹与忧虑、震惊和焦虑的情绪相关，鱼尾纹与紧张、快乐和下定决心的情绪相关。

作为配方师，虽然我们要长期关注神经美容学的发展，但是也要注意不应该盲目迎合营销需求而盲目堆积活性物，空穴来风地制造"五重多肽配方""七重多肽配方"的伪科学概念；更不应该盲目追求浓度，为了避免"微量添加"的诟病而没有任何依据地大量甚至过量添加多肽活性物。我们应该做的是，重视对于科学文献和临床资料的研究，在循证医学的充分临床研究证据基础上，科学选择信号肽类活性物的添加种类、添加剂量和添加工艺。

6. 年轻人一边熬着最长的夜又一边用着最贵的护肤品，依托这一群体衍生出了"熬夜美妆"的消费市场，您如何看待这一消费现象？贵价、强功效护肤品是否真的能解决熬夜带来的皮肤问题？

过去30年，城市化发展、智能手机、移动互联网的普及，在提升我们生活品质的同时，也带来了无处不在的光污染和电子产品产生的蓝光辐射，进而干扰了人体褪黑素的正常分泌，从而严重影响睡眠。根据丁香医生发布的《2021国民健康洞察报告》，73%的受访者都存在睡眠障碍，而具有睡前看手机习惯的受访者高达83%。

皮肤是人体最大的器官，其结构是相对稳定的，但皮肤的功能和活力在一天中是随人体机能不断变化而出现规律变化的。这种规律性变化是人体生物钟的一个重要组成部分，被称为"皮肤生物钟"。皮肤生物钟是人体机能变化规律的缩影。皮肤状态是身体健康的一面镜子，是我们生理健康和心理健康的一种外在表现。

皮肤的生物钟，并不是我们可以随心所欲控制的，更不可能依靠所谓最贵的护肤品来改变我们皮肤的生物钟。皮肤的生物钟是人体的内在整体的昼夜节律的一部分。美国著名的医学美容专家佐伊·戴安娜·德雷罗斯博士在她绘制的护肤金字塔中指出：皮肤护理最基础、最重要的工作是预防和防护，其中包括保证睡眠、情绪健康、均衡饮食、合理运动、不吸烟、不喝酒、防晒和防空气污染等。长时间作息不规律和睡眠缺乏，会导致皮肤弹性下降、脸部纹路明显、皮肤干燥、眼睑下垂、头发与皮肤色素脱失等症状。因此注重作息规律，改善睡眠质量，才是真正延缓皮肤衰老的最重要的预防措施之一。

7. 对于未来化妆品行业该如何创新，您有什么看法和观点？此前您分享的重混式颠覆式创新和设计思维六步法，涵盖了哪些跨学科知识体系，能否打通中国美妆品牌创意的"任督二脉"？

美国未来学家凯文·凯利在《必然》一书中指出：现代技术，是早期原始技术经过了重新安排和混合而成的合成品。既然我们可以将数百种简单技术与数十万种复杂的技术进行结合，那么就会有无数可能的新技术，而它们都是"重混"的产物。经济学家们也发现，全新的东西很少，大多数创新都是对现有事物的重新组合。这种"重混"式创新，可能就是世界发展的方向，是代表未来的重要的趋势！

同样，我们也可以拆解化妆品设计，把不同的化妆品功能分解之后再重新组合起来。在过去，化妆品包装设计和配方设计基本是相互分离的，配方设计师很少考虑包装设计的问题，包装设计师也很少考虑配方功效的问题。但是在重混式创新的时代，包装设计其实已经成为配方设计的重要组成部分。产品功效不好，配方活性物不稳定，甚至配方存在刺激性问题，都可以通过包装设计与配方设计相结合的"重混式"创新，将配方和包装一起重新做一遍。

我在欧莱雅的前同事们，采用设计思维的共创方法，将纺织材料专家、面膜配方设计专家、包装设计专家聚集到一起，将敷贴式面膜这个品类重新做了一百多遍。通过欧莱雅膜液分离创新的安瓶面膜成为了天猫平台的百万销量爆款面膜，它成功的背后原因，我认为正是"重混"。

关于"重混"创新之道，我认为，国际化领先的美妆企业，在包装和配方的联合创新上远远领先于国内企业。因为很少有人知道，美妆巨头欧莱雅集团的独特的法式沙龙创新文化，可以将平时完全没有工作交集的人类历史学家、物理学家、包装设计师、皮肤科医生等完全不同领域的说着不同专业术语的专家聚集到一起，将这些表面看上去完全互不相关的人们聚集到一起，怎样才能让他们彼此不吵架、不打架？还能打造出"重混"式创新的产品呢？

背后的秘密是四个字：设计思维（Design Thinking）！在欧莱雅，我有幸主持和参与了8大设计思维美妆创新项目，是幸运地参与了最多内部设计思维创新项目的护肤品科学家。我参与的设计思维创新的范围，甚至涉及唇彩和护发。彩妆和护发创新项目邀请本不相关的护肤专家来参加，可见欧莱雅多么重视"重混"式颠覆式创新！

8. 今年1月，您分享并分析了"移轨创新"的前沿理念，这一理念与重混式颠覆式创新有联系吗？该如何应用到化妆品研发中？国内除了男士护肤品，未来还有望在哪一品类实现"移轨创新"的突破？

"移轨创新"的理论源于《移轨创新：充分释放改变历史的创新潜能》这本书。移轨创新的出发点不是"增量的创新"，而是"质变的创新"。它关注的不是线性的、增量的、可控的创新，也并非新产品、新服务、新技术那么简单。移轨创新，是指对生态系统和商业模式的突破性创新，从而使整个价值链条转移，开启新的轨迹和历史。它是激进的、爆发式的、多线程式的。

与重混式的横向创新不同，移轨创新更加重视纵向突破：即如何摆脱"第一宇宙速度"，摆脱"地心引力"式的惯性思维影响和方法。移轨创新要做的是，将组织从"舒适区"踢出来，摆脱"地心引力"，直面未知的浩瀚宇宙。换句话说，移轨创新提供的不是一张地图，而只是一副指南针。它不会告诉我们确切的创新路线是什么，而只提供大方向，无论迷雾重重还是狂风暴雨，它都将为你指引方向。移轨创新的关键是突破僵化的思维框架，从全新维度寻找创新的可能性。

现代工业的高效率的流水线模式，虽然为我们带来了产量高、成本低的标准化的工业消费品，却难以满足"千人千面"的每个消费者的个性产品需求。在 2020 年美国消费电子展（CES）及中国国际进口博览会上，欧莱雅集团呈现的创新定制化护肤和彩妆产品 Perso，为我们呈现了"移轨式"个性化美妆创新的未来可能性。

从智能个性化诊断、元宇宙虚拟产品试用，到不同消费个体、不同使用场景的定制化配方，未来美容与彩妆产品的移轨创新突破，必然是智能化的、人格化的、定制化的，即通过个性化诊断、精准配方、柔性生产来真正实现"千人千面"和"千人千配方"。

9. 大部分人小时候的梦想是科学家。您作为化妆品行业的科学家，对于后起之秀，有什么建议？

奥地利物理学家薛定谔在《生命是什么》一书中指出：人活着就是在对抗熵增定律，生命以负熵为生。生命系统的基本规律是，一切生命都必将逐渐衰退成一块死寂的、惰性的物质，达到一种持久不变的状态，物理学家把这种状态称为热力学平衡或"最大熵"。

尽管薛定谔更多在物理世界里探索"活细胞的物理观",但事实上,直到70多年后的今天,他的思维模式依然影响着人们对生命现象的研究。有生命的物质与无生命的物质的最大区别,就是有生命的物质能够避免很快衰退至惰性的"平衡态",即以负熵为生。我们的一生,其实就是逐渐熵增直到最大熵值(即死亡)的过程。而我们寿命的长短,则取决于熵增速度。

体现在人类社会的进化上,那就是不断打破"平衡态"的死寂僵化的出现,刺激人类在不断应对挑战的过程中绽放出生命的活力。我们每个人的生命过程中,都不可避免地要从外界汲取能量,并且释放很多无效能量,这是熵增的必然结果。

具体来说,作为一名化妆品科研人员,如果我们能够时刻警惕自身习惯的"舒适区"对我们的"腐蚀",不断挑战自我,勇于突破"舒适区",主动进入"挑战区"和"学习区",能够主动理解并包容与我们的思想完全相反的思想和文化理念,擅于采用逆向思维和辩证思维方法来寻找新问题、探索新方法,我们才有可能实现真正的"重混式创新"和"移轨式创新",走出属于自己的职业生涯的精彩道路!

10. 最后想请您推荐一本书,并简单谈谈推荐它的原因。

我想推荐日本资生堂的科学家傅田光洋先生的科普书籍《皮肤的心机:身体边界的另一面》。

这是一本很薄的科普小书,但是这本书的奇妙之处在于,它会启发你关注全新的皮肤科学理念:你的皮肤,并不属于你!因为皮肤是一个自主运行的人体器官,因此无论我们做什么,我们都无法控制皮肤自主性的代谢。

例如皮肤屏障的再生功能，就是皮肤的自主性活动，皮肤是可以自主感知、思考、判断并采取相应行动的有机器官。在干燥环境下，皮肤角质层会自发变厚；在高湿环境下，皮肤角质层又会自主变薄。更加神奇的是，在皮肤的角质层中，既没有感知外界环境变化的神经纤维，又没有带细胞核的活细胞。

这是个由已经死亡的角质形成细胞和天然皮脂构成的无声沉默世界，虽然角质层的厚度只有 $10 \sim 20\mu m$，但是却极具活力与生命力，时刻不停地保持更新与再生。即使你偷懒，几天都不洗澡，角质层都会不断自主运行和自我更新。

关于皮肤生理学背后的自主运行的更多科学密码，相信大家可以在这本书中找到自己的答案！

附录 2

洞见专访：从武汉到巴黎，一个扫地僧 23 年的科技探索之旅

序

在化妆品行业逐渐从无限膨胀到理性回落的关键时刻，产业链上的企业们也在经历自身业绩上的大起大落。纵观中国日化业发展30年间的品牌浮沉，以营销驱动增长的时代正在过渡，研发的大力加码、营销节奏的放缓，都在映衬着行业将逐步回归到产品为王的正轨。

《行家洞见》是硅碳鼠日化圈发起的对话研发人的专访栏目，致力于用多种方式探索化学圈与资深化工人产生对话的可能性。这是一次关于创新、技术、文化与思想的对话。

关于工作：从理工男到美妆科研专家

Q：是什么原因，让您选择成为工程师？

我是湖北武汉人，2000 年大学毕业时因为 1998 年国企改革大

潮，大量40～50岁的工人提前下岗退休，整个就业环境并不是很好，各种招聘会都是招销售工程师、销售人员，真正找做研发、做技术的岗位是极为稀少的。

我毕业于华中科技大学应用化学专业，刚毕业的时候，还是十分期待从事本专业的技术工作。我的第一份工作是在护发洗发领域，在丝宝集团成为护发品的配方工程师。

六年之后，我竞聘去了上海，加入强生中国做技术保证的工程师，从事强生婴儿护肤、露得清成人护肤等配方研发后端的产品工艺研发、原料的技术分析。在强生辛勤打拼了又一个六年时光之后，美国玫琳凯想在中国建研发中心，通过猎头找到我，于是，我就在2011年加入了玫琳凯。

在玫琳凯奋斗了职场第三个六年时光之后，我不仅更加深入了解了玫琳凯抗衰老护肤的专业的知识，而且也获得了对于玫琳凯彩妆产品深入探索的机会，十分幸运地从护肤的圈子跳出来，深入学习了解彩妆的原料、配方技术和设备工艺的实践知识。

因为我已经安家在上海，离开上海六年之后，就希望回到上海。2017年，我有一个机会加入欧莱雅中国的研发创新中心。经过第四次职业的转化，我终于获得了进入全球最大的美容帝国的神秘的科学实验室工作的机会。

到欧莱雅研发创新中心之后，我很幸运地进入了欧莱雅的基础配方核心研发部门，一开始是做横向研发高级经理，和来自法国、美国、日本的平行实验室的科学家们并肩战斗，尝试打破护肤品的边界，不再局限于简单的护肤技术，而是向食品行业、药品行业，甚至是美容仪器行业去做一些横向的跨界交叉科学融合创新产品研发探索。2020年面市的欧莱雅Perso定制化智能美妆仪器和2022年面市的兰蔻菁纯臻颜光学美容仪，就是我们在2019年之前的交叉科学融合研究的跨界研发成果。

2019年，欧莱雅做了一次内部360度全方位的架构整合，更加强调技术研发的平台化、垂直化的深度科研价值，我从横向研发转移到专注于抗衰老研究的核心科研部门，成为中国区抗衰老科研带头人，承担了占据欧莱雅集团全球60%销售收入的最核心的抗衰老科研平台的基础护肤配方研发重担。

Q：如果在一种理想（不考虑现实）的状态下，您最想研发一款什么样的产品？

如果没有任何限制，我可能想做的还是类似Perso这样的场景化的智能设备，一个定制化、智能化的护肤美妆的智能机器人。但是与Perso不同的是，我希望新一代的智能美妆设备完全不用用户来动手操作，而是全时段全场景智能感知用户的护肤和彩妆需求，全自动地为用户高效精准完成护肤和彩妆流程。

新一代的全自动智能化美妆机器人，应该能够提供场景化的服务。因为每一个用户都是一个多面体的社会角色，她（他）在面对不同的工作和生活场景、面对不同的环境的挑战的时候，她（他）是有完全不同的护肤、彩妆需求的。

假如说真的有一个智能化的美妆护肤机器人，希望它能全然贴合场景、贴合用户，给她（他）最有效的解决方案：比如一个女孩，她刚刚大学毕业，接到职业面试通知，需要马上出门去参加极为重要的工作面试，那么，美妆机器人怎样能够立刻帮助她呈现出最符合她个性，且与面试岗位最匹配的职业化的气质呢？这也许需要智能化的美妆机器人高效完成定制化的、个性化的护肤彩妆甚至服饰搭配过程，从皮肤到妆容，甚至到服装、头饰、发饰，带来从大学生到职场精英的活力气质的转变。

关于改变：一个扫地僧23年的自我科学革命之旅

Q：在23年的工作生涯中，能否选取您印象最深刻的三件事与我们分享，可以是开心的，也可以是遗憾的……

我可以讲三个小故事，第一个小故事发生在2000年刚毕业进入丝宝集团科研中心的时候。那时候我对于科研工作的想象，可能是穿着白大褂，高大上地做着科研的探索。但实际上，我们这个行业不是理论研究行业，而是特别强调实践钻研的行业，它一定要贴近生产第一线。因此，公司分配给我的第一份工作任务，并不是进实验室，而是来到工厂车间里面，做生产实习工人。

在充满了高浓度的舒蕾焗油博士洗发香波气味的配制车间里，当时车间主管给我发了一个不锈钢桶、一把不锈钢勺子，每天的工作任务是先称量 5 公斤的纯水，然后再称量1公斤的D-泛醇，大概手工搅拌 15～20 分钟，等它们变成溶解的溶液状态，再把它倒到搅拌锅里面去，每天日复一日，有点像扫地僧的感觉，但其实也的确是一种修行。这个过程对于原料性能的第一手的直观认知，是非常有价值的，你只有在生产车间亲手操作过配方生产，才有可能真正知道什么叫原料的物理化学特性，才有可能把配方做得更好！

2012年，我外派到美国玫琳凯达拉斯全球研发中心学习。我的导师——68岁的分析化学专家吉姆老先生也告诉我，经过40多年的分析化学研究各种成分和杂质分析问题的疑难杂症，他始终认为：最精密最有效的分析仪器不是HPLC，而是人体的敏锐感官和洞察力，只有亲自见过闻过摸过甚至品尝过，我们才有可能真正了解各种原料的物理、化学和生物特性。

第二个小故事是在 2014 年，我过五关斩六将，经过艰难的理论备考和面试过程，终于考上了国内顶尖的商学院——上海交通大学安泰学院的 MBA。

因为我们这个行业是融合了科学和美学的行业。我们的职业发展，不仅需要技术知识，同时也需要艺术知识，特别是慢慢走上技术管理岗之后，由于一直专注理工类研究，在人文科学和高层次管理知识层面，都是有许多欠缺的。

在读 MBA 的时候，我们有一门课叫人力资源管理。授课老师是安泰学院组织管理系教授、博士生导师郑兴山教授，后来也是我的 MBA 论文导师。他曾经在课堂上分享了影响职场收入的因素，有学历、经验等很多方面，除此之外还有一个很重要的因素：颜值！

根据人力资源管理学的调研和实践结果，如果一个人外貌更好看、颜值更高的话，有案例研究表明，她（他）的工作收入可能要比长得不好看的人平均要高出 15% 左右。这个数据让我很惊讶，也更让我觉得我们美业人的工作很有社会价值：如果我们的产品和服务做得好，不仅可以帮助消费者提高颜值和气质，还可以帮助用户提升收入水平和生活质量！

第三个小故事是在 2017 年加入欧莱雅集团研发创新中心后。2018 年 4 月，我有机会去了位于法国巴黎郊区的欧莱雅全球研发中心。当我第一次走入兰蔻的研发大楼时，印象很深刻，因为那个欧式历史建筑十分庞大，很气派，也很有历史感和沉淀感。

兰蔻从 1935 年品牌创立到现在已经有近 70 年的发展历史，直到 1964 年才被欧莱雅集团收购。这幢建筑让我更直观地体验到欧美护肤美妆的科研的确是有深厚沉淀的历史传统，一些品牌的发展历程甚至达到上百年的积累。我受到深刻启发。我感觉在美业创新的道路上要将科学技术的价值和美学艺术的价值结合起来做融合钻研，我们东方的美妆科学与美学的融合成长之路还很漫长。

但是同时，我也很有信心，因为勤劳勇敢、历史悠久的华夏民族不仅有着五千年的历史文化的美学沉淀，而且目前在合成生物学和人工智能等高科技领域也已经基本追赶上全球最先进的科技水平，在某些细分科学领域甚至达到了领先全世界的顶尖高度。因此，我相信未来来自东方的"兰蔻品牌"和东方的"欧莱雅集团"，必将有机会超越西方的兰蔻和欧莱雅，在全球美业领域展开同台竞技和交融发展！

Q：有人说，40 岁是一个以不变应万变的年龄，您为何会在 46 岁那年选择离开欧莱雅加入雅颜？

我在 2021 年离开欧莱雅研发创新中心的时候，内心有三个方面的想法——我的职业岗位选择需要考虑三个方面：第一个方面是个人成长的需要，第二个方面是行业发展的需要，第三个方面是国家进步的需要。

第一个方面是从个人成长来看，在欧莱雅工作这么多年，我已经进入一个瓶颈期。我在美业工作了 20 多年，依然还在一个研发项目执行层面，虽然说我已经达到了欧莱雅集团的抗衰老科研带头人的职业高度，但日常工作更多是科研项目的执行，而很难有机会参与法国总部的科研项目战略的制定过程。在职业发展方向上，我希望能够从项目执行层面，上升到战略层面，有机会去参与企业科研战略的研究和高层次决策。

假如有这样的机会进入本土的企业，做一个高级的管理者，既是研究人员，同时也是高层管理人员，从高层次研发管理者的角度，有机会去尝试参与企业的科研战略的制定，我觉得对自己专业素养的成长和历练是难能可贵的。

另外，我是理工男，热爱学习和钻研，可是欧莱雅的工作节奏很快，要事无巨细地做很多研究项目，平时也缺乏时间做比较深度的积累。我离开欧莱雅之后利用了一年的竞业休息时间，一直在学习钻研，同时也做行业科普。在离开欧莱雅最初的一年的宝贵闭关期，我深入研究了神经生物学、细胞生物学，还有最近几年很热门的分子生物学、合成生物学等领域。

第二个方面是行业发展的需要，如果用我们中国美妆行业发展趋势去对比日本和韩国的话，我们会发现中国整体的化妆品产业还处于比较偏中低端和比较落后的阶段。如果拿对比数据来说，在日本的高端护肤和美妆市场里面，有70%是日本本土品牌，比如说资生堂、银座等日本本土品牌的市场份额其实是超过了兰蔻和雅诗兰黛等欧美品牌在日本市场的份额的；韩国的数据大概也在60%以上，WHOO后这样一些高端韩流品牌，在韩国市场的份额也是高于欧美品牌的。

但是我们目前的中国化妆品市场，本土的高端产品可能占不到10%，很经典的例如珀莱雅、百雀羚、相宜本草、自然堂、花西子、橘朵等东方品牌发展得都很不错，受到了广大中国消费者喜爱。但是从产品市场价格角度，我们本土品牌依然面临价格的瓶颈，如果卖100、200甚至300元，我觉得大家都是愿意去买的。如果本土品牌的产品定价超过300元以上，到了400~500元这个区间，虽然有一些品牌努力尝试做过定价 500 元以上的高端大众护肤和美妆产品，但其实并不成功，很多本土高端护肤和美妆产品线，都难以摆脱昙花一现、半途而废的窘境。

这也许说明，我们的本土品牌的高端化之路还很漫长。但是从近邻日本和韩国的本土高端品牌发展历史来看，我认为中国本土品牌的未来高端化发展依然很值得期待，我相信我们东方本土品牌，一定会超越日韩的道路，东方本土的品牌也必然走向高端化高质量发展之路。在此历史进程中，我觉得正好可以通过自身 23 年职业经验的积累，帮助东方本土品牌在这个道路当中去实现高端化、高质量发展。

而且我们如果去其他行业看看，其实其他行业的东方本土品牌已经实现了高端化、高品质发展，例如现在很火的新能源汽车蔚小理、比亚迪仰望等品牌。中国本土品牌新能源汽车的价格可以达到 30 ~ 50 万，甚至突破了 100 万的豪车级别。在家电行业，我们同样有海尔、格力、美的等拥有硬核技术的高质量企业，例如卡萨帝冰箱不但在中国市场能卖 1 万元以上，而且还冲出了亚洲，占领了欧美高端家电市场。

既然家电行业、新能源汽车行业，还有很多其他行业的本土品牌都已经实现高端化，我们东方护肤和美妆品牌也同样有潜力、有机会去实现高端化。2022 年以来，我自己做了一些科研项目尝试，我们雅颜生物很荣幸地参与了一些高端护肤品的开发。比如定价850 元的东边野兽多肽精华面霜，500 元左右的东边野兽眼霜、泥膜、卸妆凝霜等，我们都有参与东边野兽研发团队的合作共创过程和生产制造的工艺技术放大过程。

还有美尚集团的高端抗老玲珑面霜，我们也参与了研发共创，通过近18个月的深度合作，开发出了高端的抗衰老玲珑时光面霜，定价在500元以上。

虽然产品定价的数字不能真正代表我们已经实现了高端化、高品质发展，但如此高定价的东方本土品牌能够在竞争最激烈、最内卷的本土市场存活下来，而且还有增长、有发展，我觉得未来我们依然还有机会，会有越来越多的东方本土品牌能实现高端化，去满足东方女性的高品质护肤和美妆产品需求。

第三个方面讲得更"高大上"，我们自身的职业发展也需要符合国家进步的需要。我们雅颜生物的创始人陈鹏程董事长，他在邀请我加入雅颜生物时对我说，希望我们能够一起做一件事情，他用了很有力量的八个字来概括：科技为本，产业报国。

这八个大字，是很打动我的。特别是在我们目前面临一个并不友好的国际竞争环境的基础之上，比如中美关系"卡脖子"的问题、欧美对中国的市场封锁问题等。我觉得从国家的层面来看，我们的行业发展还是需要拼命追赶上去的。

我一直在研究化妆品原料的"卡脖子"问题，目前中国已经实现了一些活性原料的突破，如华熙生物的玻尿酸、巨子生物的胶原蛋白等，我们已经有了自己的核心技术和生物活性原料。

2023年，我在担任春蕾社"了不起的中国原料"首席品鉴官时，最终评选出了200多款"了不起的中国原料"，但是很遗憾，这些获奖原料大部分都是功效活性原料，很少有化妆品基础原料获奖。目前，我们依然有很多基础的材料品种（可能70%以上）依靠进口。即使看上去最简单的增稠剂、乳化剂甚至润肤剂，目前大部分都还是依赖于欧美供应商。这种基础的精细化工材料，不仅需要生物科技人才，更加需要融合生物学、物理学、化学甚至精密机械电子方面的跨学科的科研和工程团队的长期深度协作，才有可能实现技术突破和应用发展。从科技为本、产业报国的角度来看，未来我们还有很漫长的路要坚持走下去！

关于选择：人与物、人与人、人与内心

Q：从工程师到科普知识传播者，再到公益志愿者，这几种不同的身份给您带来了哪些不同体验？更享受哪个身份？

我觉得，每个人的生命历程中都有不同的身份。对于我个人而言，至少有三个身份我自己是比较看重的。

人与物

第一个身份就是配方师，配方师给我的体验就是人与物的关系，如何处理好原料与配方的关系，我们需要深入研究，原料的技术、配方的技术怎么样能够实现更好的组合，能够实现更温和、更安全、更有效、用户体验更好的产品成果。

人与人

除了配方师之外，自己也慢慢变成一个科研管理者，要带领配方师科研团队。这要求我必须站在更高的战略高度，去系统化地理解我们的行业和用户，理解我们内部研发部、市场部、生产部、质量部和销售部的相互协作配合，也就是说，如何处理好人与人的关系。

从科研管理层角度来看，我最深刻的体会是最困难的依然还是如何更好地理解用户，特别是从生理学层面和心理学层面全方位地理解用户行为变化和痛点需求变化。我们的产品用户，当然有控油抗痘、抗皱紧致和美白祛斑等这种功效层面的需求。但是

更加重要的是，我们的用户还有心理层面和情感层面的需求，怎么样通过更高级的产品，能够实现视觉、触觉的体验，去打造高端产品用户所需要的情绪价值，甚至自我实现的社会价值，可能是最难突破的。

人与内心

第三个身份，讲到哲学层面，我们还要处理人与自己内心的关系。

我们为什么在这个行业？我们的工作到底为社会创造什么价值？好的产品可以提升用户的颜值、有更好的气质、有更好的收入、更好的社会地位以及更幸福的生活，这是对用户的价值。

与此同时，我们内心是不希望给这个世界带来负面的影响。但是我们是生物化工行业，依然面临产品刺激性、包装材料降解性、生产废弃物排放等ESG社会责任的艰巨挑战。

我们希望我们产业的发展是天人合一的，我们的产品如何减少对环境的影响、对人的伤害，如何以更加负责任的态度去创造行业的社会价值，依然道路漫长！

总体来说，我觉得谈不上具体哪个身份最享受，我很享受生命赋予我的所有身份的体验过程。这是一个非常奇妙且不断进步的生命历练过程。

Q：如果有机会给您重新选择，您是否还会选择成为工程师？

我觉得可能不会单纯做工程师，可能会变成一个自由职业者，实际上我现在也同时承担多种身份和角色。

配方师是一个很好的职业，它能给人带来美的价值，给用户开发更好的产品，提高用户的生活品质，这是它的价值。除了配方师之外，我自己也做公益，我发起成立的护航爱心社，已经坚持了8年时间，长期坚持在贵州偏远山区专注于偏远山村留守儿童的公益支持项目，我觉得也是很有社会意义的、很有价值的服务工作。

同时我还在做科普，我自己创立的科普公众号"美丽面面观"也同样坚持耕耘了8年多。我觉得科普是一件永远做不完的事情，是一个永远的事业，为用户提供专业的、实用的、科学的、有趣的科普知识，需要长期钻研和耐心坚持！

但是无论我未来还会选择什么身份，永恒不变的使命永远是服务好身边人，从而更好完成生命历程的自我实现。

无论生命磨炼是孤独的，还是精彩的，我都会乐在其中！

附录 3

参考文献

[1] 约翰·奥莫亨德罗.像人类学家一样思考[M]. 张经维，等，译，北京：北京大学出版社，2017.

[2] 奈吉尔·巴利.天真的人类学家[M]. 何颖怡，译，桂林：广西师范大学出版社，2011.

[3] 丹尼尔·卡尼曼.思考，快与慢[M]. 胡晓姣，李爱民，何梦莹，译，北京：中信出版社，2012.

[4] 埃里克·R.坎德尔，詹姆斯·H.施瓦茨，托马斯·M.杰塞尔，等.神经科学原理：第五版[M]. 徐群洲，导读.北京：机械工业出版社，2018.

[5] 菲利普·纳尔逊.生物物理学：能量、信息、生命[M]. 黎明，戴陆如，译，上海：上海科学技术出版社，2006.

[6] 蒂姆·布朗.IDEO，设计改变一切[M]. 侯婷，何瑞青，译，杭州：浙江教育出版社，2019.

[7] 唐纳德·A·诺曼.设计心理学1：日常的设计[M]. 小柯，译，北京：中信出版集团，2014.

[8] 尼娜·雅布隆斯基.皮肤简史[M]. 陈铬，译，天津：天津科学技术出版社，2022.

[9] 尼娜·雅布隆斯基.肤色的迷局：生物机制、健康影响与社会后果[M]. 李欣，译，北京：生活·读书·新知三联书店，2021.

[10] 傅田光洋.皮肤的心机：身体边界的另一面 [M]. 甘菁菁，译，北京：人民邮电出版社，2018.

[11] B. 艾伯茨，D. 布雷，K. 霍普金，等.细胞生物学精要（原书第三版）[M]. 丁小燕，陈越磊，等，译，北京：科学出版社，2012.

[12] 郑强.高分子流变学 [M]. 北京：科学出版社，2020.

[13] 费孝通.乡土中国 [M]. 天津：天津人民出版社，2022.

[14] 蒋勋.孤独六讲 [M]. 江苏凤凰文艺出版社，2020.

[15] 让·鲍德里亚.消费社会 [M]. 刘成富，全志钢，译，南京：南京大学出版社，2018.

[16] 查尔斯·汉迪.饥饿的灵魂：个人与组织的希望与追寻 [M]. 赵永芬，译，杭州：浙江人民出版社，2012.

[17] 凯文·凯利. 必然（修订版）[M]. 周峰，董理，金阳，译，北京：电子工业出版社，2023.

[18] 克莱顿·克里斯坦森.创新者的窘境 [M]. 胡建桥，译，北京：中信出版集团，2020.

[19] 周岭.认知觉醒：开启自我改变的原动力 [M]. 北京：人民邮电出版社，2020.

[20] 理查德·塞勒.助推：如何做出有关健康、财富和环境的最佳决策 [M]. 北京：中信出版集团，2017.

[21] 岸见一郎. 被讨厌的勇气 [M]. 渠海霞，译，北京：机械工业出版社，2020.

[22] 拉吉夫·纳兰.移轨创新：充分释放改变历史的创新潜能 [M]. 北京：中国人民大学出版社，2016.

[23] 埃尔温·薛定谔.生命是什么 [M]. 麦穗，译，北京：中国商业出版社，2020.

[24] HUMBERT P，FANIAN F，MAIBACH H I，等. Agache 皮肤测量学：第 2 版 [M].李利，何黎，赖维，译，北京：人民卫生出版社，2021.

[25] 林炳承. 图解微流控芯片实验室 [M]. 北京：科学出版社，2008.

[26] 尼克·利特尔黑尔斯.睡眠革命 [M]. 北京：北京联合出版公司，2022.

[27] 刘胜. 针刺镇痛研究新视角：疼痛缓解的奖赏效应和脑奖赏环路 [J].针刺研究，2022，47（03）：268-273.

[28] 何黎.中国敏感性皮肤临床诊疗指南（2024版）[J].中国皮肤性病学杂志，2024，38（5）：473-481.

[29] 鞠强，李嘉祺.寻常痤疮再认识：从发病机制到治疗策略[J].中华皮肤科杂志，2024，57（4）：289-294.

[30] 喻明英，许显，任璐，等.敏感肌形成机制及抗敏成分研究进展[J].日用化学品科学，2021，44（06）：32-37+52.

[31] 项楠，朱晓璐，倪中华.惯性效应在微流控芯片中的应用[J].化学进展，2011，23（09）：1945-1958.

[32] 高贤，于成壮，魏春阳，等.惯性微流体的应用与发展[J].传感器与微系统，2019，38（03）：1-6+10.

[33] 新浪科技.详解2021年诺贝尔生理学或医学奖：他们破解了人类的痛觉和触觉[EB/OL].（2021-10-04）[2022-05-15].https://finance.sina.com.cn/tech/2021-10-04/doc-iktzqtyt9679498.shtml.

[34] 澎湃新闻."贴贴是人类的天性"，背后的机制找到了[EB/OL].（2022-05-02）[2022-11-07].https://www.thepaper.cn/newsDetail_forward_17907625.

[35] 化妆品财经在线.欧莱雅最新投资，押注微藻生物科技[EB/OL].（2022-12-05）[2022-12-25]. https://baijiahao.baidu.com/s?id=1751356577742955611&wfr=spider&for=pc.

[36] 陈勇，孙诤，周志刚.藻源活性物质的抗皮肤衰老作用[J].天然产物研究与开发，2017，29（5）：10.

[37] 吕尚，EngineeringForLife.【再生医学前沿】Nature子刊：体内构建带有诱导结构的细胞外基质支架引导组织定向再生[EB/OL].（2020-02-18）[2022-12-25]. https://mp.weixin.qq.com/s?__biz=MzA5MTY1NjExMQ==&mid=2656137586&idx=1&sn=f7eeb4ec8dbd92f4f6c7bb9ce786c0bb&chksm=8bdccbb2bcab42a4657a9f7981bda60fb916f6b82cac58fe9d535a5e434d07c091c2b4d6d45a&scene=27.

[38] 王聪.Nature重磅发现：揭开头发变白的原因，为白发转黑带来希望[EB/OL].（2023-04-20）[2023-05-15]. https://mp.weixin.qq.com/s/PLccsCvh5YZ_ s_bWxa4GpQ.

[39] 药康明德团队.科学：超级大改造！皮肤细菌变身抗癌帮手，简单又

无 痛 [EB/OL].（2023-04-14）[2023-05-28]. https: //mp.weixin.qq.com/s/ Xlc3ox1l7q28GKmlWHkz9w.

[40] 瑷尔博士，丁香医生.国民抗初老有态度[EB/OL].（2022-03-24）[2023-05-28]. https: //mp.weixin.qq.com/s/BIkAGfnr-OGSyBqI_DSn9A.

[41] REGAN J D, PARRISH J A.Optical Properties of Human Skin[M]. Springer US, 1982.

[42]GUZELSU N, FEDERICI J F, LIM H C, etal.Measurement of skin stretch via light reflection[J]. Journal of Biomedical Optics, 2003, 8(1): 80.

[43] CARLSON L E, SPECA M, PATEL K D, etal. Mindfulness-based stress reduction in relationto quality of life, mood, symptoms of stress and levels of cortisol, dehydroepiandrosteronesulfate (DHEAS) and melatonin in breast and prostate cancer outpatients[J]. Psychoneuroendocrinology, 2004, 29(4): 448-474.

[44] ZEIDAN F, MARTUCCI K T, KRAFT RA, etal. Brain mechanisms supporting the modulationof pain by mindfulness meditation[J]. Journal of Neuroscience, 2011, 31(14): 5540-5548.

[45] ROSENKRANZ M A, DAVIDSON RJ, MACCOON DG, etal.A comparison of mindfulness-based stress reduction and an active control in modulation of neurogenicinflammation[J]. Brain, behavior, and immunity, 2013, 27(1): 174-184.

[46] HESSU，ADAMS JR R B，SIMARD A，etal.Smiling and sad wrinkles: Age-related changes in the face and the perception of emotions and intentions[J]. JournalofExperimentalSocialPsychology, 2012, 48(6): 1377-1380.

[47] CATERINA MJ, SCHUMACHER MA, TOMINAGA M, etal.The capsaicin receptor: a heat-activated ion channel in the pain pathway[J].Nature, 1997(389): 816-824.

[48] TOMINAGA M, CATERINA MJ, MALMBERG AB, etal. The cloned capsaicin receptor integrates multiple pain-producing stimuli[J]. Neuron, 1998(21): 531-543.

[49] CATERINA MJ, LEFFLER A, MALMBERG AB，etal.Impaired nociception

and pain sensation in mice lacking the capsaicin receptor[J]. Science, 2000, 288(5464): 306-313.

[50] MCKEMY DD, NEUHAUSSER WM, JULIUS D. Identification of a cold receptor reveals a general role for TRP channels in thermosensation[J]. Nature, 2002(416): 52-58.

[51] PEIER AM, MOQRICH A, HERGARDEN AC, etal.A TRP channel that senses cold stimuli and menthol[J]. Cell, 2002(108): 705-715.

[52] COSTE B, MATHUR J, SCHMIDT M, etal.Piezo1 and Piezo2 are essential components of distinct mechanically activated cation channels[J]. Science, 2010, 330(6000): 55-60.

[53] RANADE SS, WOO SH, DUBIN AE, etal.Piezo2 is the major transducer of mechanical forces for touch sensation in mice[J]. Nature, 2014, 516(7529): 121-125.

[54] KUN L, BING Z. Significance of "Molecular and Neural Basis of Pleasant Touch Sensation" in Acupuncture Research[J]. 针灸与草药, 2023, 3（1）: 2-2.

[55] FIELD T.Touch for socioemotional and physical well-being: A review[J]. Developmental Review, 2010, 30(4): 367-383.

[56] McGlone F, Wessberg J, Olausson H. Discriminative and affective touch: sensing and feeling[J]. Neuron, 2014, 82(4): 737-755.

[57] BJARNASON G A, JORDAN R C K, WOOD P A, etal.Circadian Expression of Clock Genes in Human Oral Mucosa and Skin: Association with Specific Cell-Cycle Phases[J]. American Journal of Pathology, 2001, 158(5): 1793-1801.

[59] DENDA M, TSUCHIYA T. Barrier recovery rate varies time-dependently in human skin [J]. BrJDermatol, 2015.

[60] DESOTELLE J A, WILKING M J, AHMAD N.The Circadian Control of Skin and Cutaneous Photodamage[J]. Photochemistry and Photobiology, 2012, 88(5): 1037-1047.

[61] PLIKUS M V, VAN SPYK E N, PHAM K, etal. The Circadian Clock in Skin: Implications for Adult Stem Cells, Tissue Regeneration, Cancer,

Aging, and Immunity[J]. Journal of Biological Rhythms, 2015, 30(3): 163.

[62] ARIEDEM B, CANDIDOT M, JACOME A L M, etal. Cosmetic attributes of algae - A review[J]. Algal Research, 2017, 25: 483-487.

[63] BERTHON J Y, NACHAT-KAPPES R, Bey M, etal.Commentary on "Marine algae as attractive source to skin care" [J]. Pulsus Group, 2018.

[64] Anis M, Ahmed S, Hasan M M.Algae as nutrition, medicine and cosmetic: The forgotten history,present status and future trends[J]. WORLD JOURNAL OF PHARMACY AND PHARMACEUTICAL SCIENCES, 2017, 6(6): 1934-1959.

[65] ZHANG B B, XU J, QUAN Z, etal.Klotho Protein Protects Human Keratinocytes from UVB-Induced Damage Possibly by Reducing Expression and Nuclear Translocation of NF- κ B[J]. Medical science monitor : international medical journal of experimental and clinical research, 2018.

[66] INGBER D E .TENSEGRITY I.Cell structure and hierarchical systems biology[J].Journal of Cell Science, 2003, 116(Pt 7): 1157-73.

[67] INGBER D E .TENSEGRITY II.How structural networks influence cellular information processing networks[J]. Journal of Cell Science, 2003, 116(Pt 8): 1397.

[68] NELSON C M, BISSELL M J.Of Extracellular Matrix,Scaffolds,and Signaling:Tissue Architecture Regulates Development, Homeostasisand Cancer[J]. Annual Review of Cell & Developmental Biology, 2006, 22(1): 287-309.

[69] BARKAN D, GREEN J E, CHAMBERS A F.Extracellular matrix: a gatekeeper in the transition from dormancy to metastatic growth[J]. European Journal of Cancer, 2010, 46(7): 1181-1188.

[70] HYNES R O, NABA A, Overview of the Matrisome—An Inventory of Extracellular Matrix Constituents and Functions[J]. Cold Spring Harbor Perspectives in Biology, 2012, 4(1): a004903.

[71] RODRÍGUEZA, ISABELAM, BARROSOR, etal.Collagen: A review on its sources and potential cosmetic applications[J]. Journal of Cosmetic

Dermatology, 2017.

[72] MOON H J, GAO Z W, HU Z Q, etal.Expert Consensus on Hyaluronic Acid Filler Facial Injection for Chinese Patients[J]. Plastic and Reconstructive Surgery-Global Open, 2020.

[73] BLACK DS, COLE S W, IRWIN MR, etal. Yogic meditation reverses NF-kB and IRF-relatedtranscriptome dynamics in leukocytes of family dementia caregivers in a randomizedcontrolled trial[J]. Psychoneuroendocrinology, 2013, 38(3): 348-355.

[74] GALVAN C, LOWRY W E.Yo-yoing stem cells defy dogma to maintain hair colour [EB/OL]. (2023-04-19)[2023-05-15]. https: //www.nature.com/ articles/ d41586-023-00918-0.

[75] SUN Q, LEE W, HU H, etal.Dedifferentiation maintains melanocyte stem cells in a dynamic niche [EB/OL]. (2023-04-19)[2023-05-15]. http: //doi. org/10.1038/s41586-023-05960-6.

[76] CHEN E Y, BOUSBAINE D, VEINBACHS A, etal.Engineered skin bacteria induce antitumor T cell responses against melanoma [EB/OL].(2023-04-13) [2023-05-28].https: //www.science.org/doi/10.1126/science.abp9563.

[77] SAJJATH S M, GOLA A, FUCHS A E.Designer bugs as cancer drugs? [EB/ OL]. (2023-04-13)[2023-05-28].https://www.science.org/doi/10.1126/ science. adh3884.

[78] Drury G, Jolliffe S, Mukhopadhyay T K.Process mapping of vaccines: Understanding the limitations in current response to emerging epidemic threats[J]. Vaccine, 2019, 37(17): 2415-2421.

[79] ARMBRUSTER N, JASNY E, PETSCH B.Advances in RNA Vaccines for Preventive Indications: A Case Study of a Vaccine against Rabies[J]. Vaccines, 2019, 7(4).

[80] RAUCH S, JASNY E, SCHMIDT K E, etal.New Vaccine Technologies to Combat Outbreak Situations[J]. Frontiers in Immunology, 2018.

[81] TEFNESCU C.Polymeric Nanomaterials in Nanotherapeutics[J]. 2019.

[82] STOECKLEIN D, DI CARLO D. Nonlinear Microfluidics[J]. Analytical Chemistry, 2019(19): 91.

[83] POLLARD C, DE KOKER S, SAELENS X, etal. Challenges and advances towards the rational design of mRNA vaccines[J]. Trends in Molecular Medicine, 2013, 19(12): 705-713.

[84] MARUGGI G, ZHANG C, LI J, etal.mRNA as a Transformative Technology for Vaccine Development to Control Infectious Diseases[J]. Molecular therapy: the journal of the American Society of Gene Therapy, 2019, 27(4）: 757-772.

[85] SULLENGER B A, NAIR S.From the RNA world to the clinic[J]. Science, 2016, 352(6292): 1417-1420.

[86] GIOVANNI P. NanoCAGE analysis of the mouse olfactory epithelium identifies the expression of vomeronasal receptors and of proximal LINE elements[J]. Frontiers in Cellular Neuroscience, 2014, 8: 41.

[87] CARLO D.Inertial microfluidics[J]. Lab on A Chip, 2009, 9(21): 3038.

[88] GAO S Q, SHAO A W.Comment on"A neuroanatomical basis for electroacupuncture to drive the vagal-adrenal axis"[J]. TMR传统医学研究, 2022, 7（4）: 2.

[89] Liu S，Wang Z, Su Y, etal.Author Correction: A neuroanatomical basis for electroacupuncture to drive the vagal–adrenal axis [J]. Nature, 2022, 601.

[90] ULLOA L.Electroacupuncture activates neurons to switch off inflammation [J]. Nature, 2021, 598.

[91] PARK C, HAHN O, GUPTA S, etal.Platelet factors are induced by longevity factor klotho and enhance cognition in young and aging mice [EB/ OL]. (2023-08-16)[2023-10-11]. https://www.nature.com/articles/s43587-023-00468-0.

[92] LICHTENAUER M, ALTWEIN A, KOPP K, etal. Uncoupling fate: Klotho-goddess of fate and regulator of life and ageing [EB/OL].(2020-07-20) [2023-10-11]. https://doi.org/10.1111/ajag.12772.

后 记

生命短暂，选你所爱，爱你所选！

人生路上，有的人选择相对容易的平淡的路，度过平凡的一生，有的人却更愿意选择人迹罕至的路，开启一段冒险与传奇。不同的选择，会造就不同的人生。

2020年12月，在这个新冠病毒肆虐的漫长冬天的一个阳光温暖的早晨，滴答一声，当食指点击鼠标，我的离职申请电邮，仿佛瞬间变成了五线谱中的休止符，以光速跨越了欧亚大陆。

离职电邮最终飞向位于巴黎的欧莱雅法国研发总部，飞到了我的直线法国老板JT先生的办公桌上，庄严宣告着我在国际知名外企二十年科研管理工作的漫长马拉松，终于跑到终点线！

白发苍苍的JT先生是我所在的欧莱雅集团全球抗衰老研发平台的总负责人，也是备受崇敬的欧莱雅科学院的院士。与老先生并肩作战的这两年，是我过去二十年护肤品研发经历中最艰难且最具挑战性的时光。

最艰难且最具挑战性也许是因为，两年前我们在抗衰老高端护肤品的功效性、安全性和稳定性三个方面的创新突破都树立了业界最高标准，而且每一个研发项目都必须同时满足这三大标准。

作为中国区的抗衰老科研带头人，我所面临的工作压力可想而知。卧室无言的天花板，陪伴我度过了很多个数绵羊、数绵羊、数绵羊的无眠的漫漫长夜。卧室天花板，成为了我最亲密无间的无声的小伙伴！

然而，一切终点，皆为序曲。

当我在欧莱雅抗衰老护肤品科研阵地上与皮肤皱纹、皮肤松弛、皮肤暗沉、色斑斗智斗勇，战斗最激烈时，我思考最多的是研究方向的问题。直到后来我开始接触关于身心皮肤科学（Psychodermatology）的前沿研究的国外文献资料时，我才越来越强烈地意识到：皮肤的健康，不过是身体健康与心理健康的外在表现。

外用护肤品也许可以缓解皮肤皱纹、松弛与暗沉色斑问题，但无法从根源上解决人际关系冲突、压力与情绪、睡眠与饮食问题等带来的皮肤基础免疫力下降等神经生物学与细胞生物学方面的根本问题。

感恩于过去三年我在加拿大国际教练学院160个小时专业学习所学到的脑神经科学与心理学方面的知识，以及300多个小时累积的自我管理方面的教练辅导经验，我获得了生命科学方向的更宏观的跨科学的多维视角。

这种多维科学视角，帮助我有机会去重新探索我们身体的新陈代谢、情绪心理认知所带来的生理层面的衰老问题，理解皮肤衰老问题只是生理衰老的具体表现之一而已。

没有一个冬天不会过去，没有一个春天不会到来。

2021年万物复苏、春天即将到来的时候，我最终决定离开自己无限热爱并为之奋斗的欧莱雅集团研发创新中心的抗衰老护肤品科研带头人的工作岗位，进入生命科学的启蒙教室，去探索智慧生命的历史起点、群星闪耀的科学里程碑，以及生命科学的未来走向。

站在人生的新起点上，我期待着与你们共同开启一段全新的系统性、全方位地学习生命科学知识的新旅程。

在我创立的科普公众号"美丽面面观"平台上，我尝试成为"科学带路人"，引领大家进入诺贝尔奖级的科学巨匠和无数科技工作者在过去三四十年间所打造的生命科学的后花园。

过去三年多，我曾经尝试从神经生物学、细胞生物学、分子生物学、遗传生物学，甚至人类学与社会心理学的角度，通过文字、音频和视频等多种形式，深入浅出地全面解读影响我们内在健康与外在美丽的前沿科学密码。

同时提供健康与美丽相关的科学保养方法，帮助您在追求健康与美丽的道路上，如同中国最高龄同时又最有活力的女指挥家郑小瑛一样，永远保持一颗好奇而年轻的心，成为永远不老的女神与男神。在"美丽面面观"公众号，我不断地在这个雅致清新的小天地里，为你沏茶倒酒，为你苦读码字，将深奥的生命科学术语删繁就简地转化为广大人民喜闻乐见、通俗易懂的科普文章、音频与视频课件。

无论作为一个科普知识工作传播者，还是作为一个公益人，我坚定地相信，我们拥有宇宙赋予人类的一切生物本能，在任何环境下，我们的好奇心与探求心，我们的观察与追逐，都是我们旺盛生命力的证据。我们内心的求知力量将帮助我们从工作与生活压力的深井里爬出来，去求知、去思考、去尝试，去寻找绽放生命的新的可能性！

美业创新的科学与艺术

美国诗人罗伯特·弗罗斯特在《未选择的路》的诗中写道:"一片树林里分出两条路——而我选择了人迹更少的一条,从此决定了我一生的道路。"自由的灵魂,都厌恶一眼就能看到头的职业道路,都渴望打破人生的固有套路。

我们来到这个世界的时候,是不得不来;我们离开这个世界的时候,也是不得不离开。

唯有出生到死亡之间的这一段生命旅程,我们是有选择权的!

生命短暂,愿你选你所爱,爱你所选!

致 谢

1976年冬天，我的母亲在武汉郊外一间寒冷的砖瓦平房里独自生下了我，这段奇迹般的经历注定了我的生命将是一场感恩之旅！

感谢朱卫老师、叶长春先生、李达勇先生、董朝春先生、王坦先生、洪鸣先生、李隽先生、陈虎先生、吕骏先生、陈鹏程先生、Joseph Ren、Jim Swanzy、Rene Wickham、Beth Lange、Mickael Poletti、Jean-Thierry Simonnnet、Veronique Chevalier，在我23年的科研职业生涯道路上给予我工作和学习机会，帮助我成长为一名专业的化妆品工程师和科研探索工作者，我也因此获得了写作本书的专业实践经验和切身教训。

感谢上海交通大学安泰经济管理学院郑兴山教授、孟宪忠教授、曹敏老师、周易学长、姜涛学长、冯渊学姐，以及所有充满智慧和爱心的学姐、学长和同届同学们，在我MBA求学阶段给予了理论知识指导，帮助我构建了全面深入的人文科学方面特别是管理科学方面的知识体系。感谢FROG设计公司林建达老师、觉之设计文木老师在设计思维创新项目和设计心理学方面为我打开了产品设计新思维的大门。感谢前辈品牌战略大师王茁教授，在市场和品牌运营战略实践方面的智慧分享和对本书创作编著的长期鼓励和热情作序推荐，使学识和经验十分有限的我，深感受宠若惊！

感谢汪洋教授、张洪斌教授、王新灵教授、孙诤教授、杨成教授、刘纲勇教授、李利教授、鲍峰博士、付俊院长、陆跃乐教授，以及来自化妆品原料供应商和化妆品企业同行的所有无私奉献的技术专家，在化学、物理学、生物学、皮肤测量学、医学美容、流变学、材料学、配方科学、产品评测等方面给予我的跨学科的无穷启迪和智慧灵感，为本书插上了科学实践的智慧翅膀！感恩欧莱雅集团李晓梅女士、美尚集团李琴娅女士、戴颐女士、东边野兽何一女士、白焱晶博士、仅三生物丁威董事长、尚赫集团Cate Wei女士、赛儿实验室蒋英华博士、毕焜博上、聚美丽夏天老师在产品创新理念和项目合作实践方面的宝贵经验分享，为本书注入了本土产品创新实战的市场灵感洞察和生动鲜活的案例故事！

感谢本书策划冯红领老师多方奔走、全力沟通；感谢本书责任编辑张力月老师在本书稿件整理和审核过程中细致认真的辛勤付出，她细读全书无数遍、指正缺漏，无论是学术观点还是字词标点都逐一检查；感谢瑞恩视觉思维创始人张锐老师不辞劳苦，为本书创作了40多幅精彩手绘插画，帮助读者们能够更形象、更生动地了解本书的主要思想和内容；以及感谢我未曾谋面、始终默默无闻工作的校对、编辑、排版老师们的无私奉献，她们极大地扫除了本书的错漏勘误，保证了本书的高质量呈现！

感谢前辈领袖丁威先生、李利教授、蒋丽刚先生、鲍峰博士、潘志博士、张嘉恒教授以最珍贵的个人名誉来支持本书的出版和推广，在百忙之中通读本书并认真撰写了感人至深的大咖推荐语，字字珠玑，句句箴言，不胜感激！

昔日京华去，知君才望新。最后，我要感谢从青春年少以来一直相濡以沫的、我的人生伴侣徐逸芳女士，她的信任、陪伴和鼓励为我注入了在当今VUCA时代无畏前行和大胆著书的勇气！

桃花潭水深千尺，不及汪伦送我情。护肤和美妆产品作为一种快速消费的规模化工业产品，在产品功能和情感价值方面，很难满足每一位产品用户和生命个体对美丽人生的个性化追求。本书是化妆品行业的一次多维度、跨学科、理论与实践知识融合的大胆尝试，但即便如此，还是很难满足所有读者对于化妆品创新的无穷求知欲。为了避免错漏，虽然我本人和全书的编辑团队已经倾尽全力，但是因为受限于现代匆忙工作节奏和我们十分有限的学识，本书难免存在一些错漏不足和挂一漏万的片面不妥之处，敬请广大读者谅解、批驳和给予宝贵的指正建议！

如果我的人生就是一本书，我希望这本书能够始终以科学为帆，以追求真善美的感恩之心为动力，和每一位有缘相遇的读者朋友们，共同奔赴美丽彼岸！

陈　迪

2024年5月12日于上海